NÃO EU, MAS DEUS

Ricardo Figueiredo

NÃO EU, MAS DEUS

Biografia espiritual do Beato Carlo Acutis

*A única coisa que nós temos de pedir a Deus
na oração é a vontade de ser santos.*

 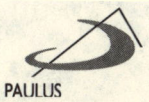

Todos os direitos reservados. Nenhuma parte desta publicação pode ser reproduzida ou transmitida de qualquer forma ou por quaisquer meios, eletrônicos ou mecânicos, incluindo fotocópias, gravações ou qualquer sistema de armazenamento e recuperação de informação sem autorização prévia, por escrito, do editor.

Dados Internacionais de Catalogação na Publicação (CIP)
Angélica Ilacqua CRB-8/7057

Figueiredo, Ricardo
    Não eu, mas Deus. Biografia espiritual do Beato Carlo Acutis / Ricardo Figueiredo. – São Paulo: Paulus, 2020. Coleção Modelos de virtude.

ISBN 978-65-5562-001-6
ISBN 978-85-356-4616-0

    1. Santidade 2. Espiritualidade 3. Vida cristã 4. Acutis, Carlo, 1991-2006 I. Título

20-1019   CDD 234.8

Índice para catálogo sistemático:
1. Santidade: Vida cristã

©PAULUS Portugal, 2019

Nihil obstat
Lisboa, 11 de junho de 2019
Côn. Doutor Ricardo Jorge Alves Ferreira

Imprimatur
Patriarcado de Lisboa, 11 de junho de 2019
Côn. Nuno Isidro Nunes Cordeiro
Vigário-geral

Direção editorial: *Pe. Sílvio Ribas*
Coordenação de revisão:
Tiago José Risi Leme
Adaptação ao português do Brasil:
Pe. Zolferino Tonon e Marcos Lemos
Ilustrações: *Catarina Baptista*
Projeto gráfico: *Karine Pereira dos Santos*
Impressão e acabamento: PAULUS

Seja um leitor preferencial **PAULUS**.
Cadastre-se e receba informações sobre nossos lançamentos e nossas promoções:
paulus.com.br/cadastro
Televendas: **(11) 3789-4000 / 0800 016 40 11**

1ª edição, 2020
8ª reimpressão, 2023

© PAULUS – 2020

Rua Francisco Cruz, 229 • 04117-091 – São Paulo (Brasil)
Tel.: (11) 5087-3700
paulus.com.br • editorial@paulus.com.br
ISBN 978-65-5562-001-6

Dedico este livro a todos os meninos e meninas que, nas paróquias em que servi e em que sirvo, receberam ou receberão a primeira comunhão pelas minhas mãos: desejo que Carlo Acutis seja exemplo e modelo de amor a Jesus, presente no santíssimo sacramento da Eucaristia.

Prefácio

São Maximiliano Kolbe afirmava: "É falsa a ideia bastante difundida de que os santos não foram semelhantes a nós". De fato, temos alguma tendência para achar que os santos foram pessoas especialmente eleitas dentre as outras e que, portanto, estavam mais capacitadas para mostrar o caminho da santidade aos demais. Mentira. Deus nos chama, a cada um especialmente e de maneira única, para sermos imagem de Cristo no nosso dia a dia. Carlo Acutis entendeu essa mensagem de maneira clara e simples, sendo ainda uma criança quando decidiu, por vontade própria, seguir os passos de Jesus de uma maneira espetacularmente atual. Ao olhar para esse jovem, entendemos qual foi a sua resposta à vocação que lhe fora atribuída: um rapaz moderno, estudante como tantos outros, jogador de futebol nos intervalos, um grande interessado em informática e, ao mesmo tempo, um rapaz dedicado à Eucaristia, com a alegria de viver com um coração puro através da confissão, apaixonado pelas amizades que tinha, fiel à oração e muito coerente na vida. Acutis transbordava de alegria e foi esta mesma que o ajudou a ultrapassar todos os obstáculos que lhe foram aparecendo ao longo da sua curta, mas tão cheia, vida.

Nos dias de hoje, temos certa dificuldade em dedicar algum do nosso tempo a Deus e, como são tantas as coisas que nos preenchem o dia e que nos passam pelos olhos, temos a tendência de confiar a nossa vida ao descanso e aos pequenos prazeres momentâneos, esquecendo-nos de procurar conforto n'Aquele que é amor.

    Quando penso na vida de Acutis, automaticamente reflito sobre a sua enorme coragem para se mostrar cristão, sem hesitações, em todas as circunstâncias. Quantas são as vezes em que temos medo ou vergonha de assumir que acreditamos em Jesus Cristo? Tantas! Temos medo de que nos julguem e de que a nossa "imagem" fique manchada aos olhos daqueles que nos rodeiam! Acutis confiava plenamente que Deus olhava para ele; além disso, tinha uma enorme devoção a Nossa Senhora e ao anjo da guarda. Julgo que é essa entrega que nos falta, ou seja, viver na certeza de que Deus nos quer bem.

    Ao longo da sua vida, esse rapaz passou a mensagem de que nos santos podemos encontrar ajuda para percorrer este caminho de santidade. Não tentou ser uma réplica de nenhum, mas tentou de uma maneira muito própria aplicar alguns truques que aprendera com cada um na sua vida. De alguma forma, essa relação com os santos também o ajudou a perceber que a sua própria santidade dependia da preocupação que devia ter pela santidade dos outros, acabando por ser um bom amigo dos seus amigos, agindo sempre de forma misericordiosa.

    Que tarefa difícil é esta de ser misericordioso num mundo em que tantas vezes a misericórdia é esquecida! Deus não nos dá uma tarefa fácil para as mãos; todavia, oferece-nos uma recompensa de valor incalculável: a felicidade eterna!

Deus nos pede que sejamos imagem do rosto de Cristo para os outros, sem distinções, isso é percorrer o caminho da santidade! É o único caminho que nos levará à felicidade, sendo o resto passageiro, e o que é passageiro nos leva à vazia alegria temporária.

Acutis aceitou o desafio, experimentou na terra aquela que é a proposta de felicidade e de amor de Deus. Tal como ele nos ensinou a olhar para os santos como uma caixa de ferramentas que nos ajuda a construir o caminho de Jesus, usemos o exemplo da sua vida como uma ferramenta que nos provoque vontade e coragem de caminhar na santidade!

Simão Abecassis Correia

Introdução

Há momentos na vida em que somos confrontados com os nossos fracassos. Quando conheci a vida de Carlo Acutis, chamou a minha atenção o fato de ele ter nascido no ano seguinte ao meu. Portanto, era um ano mais novo que eu, e já tinha processo de beatificação aberto. Pensei: "E eu? O que estou fazendo?". Foi um grande incentivo para procurar crescer na vida espiritual. Com este livro, que agora publico, pretendo dar a conhecer aos leitores de língua portuguesa a vida deste jovem exemplo de santidade.

Deparei com a vida de Carlo quando recebi um artigo que dava conta dos servos de Deus cujas virtudes heroicas eram reconhecidas como tal pelo papa, no dia 5 de julho de 2018. Ou seja, a Igreja, através do papa Francisco, reconhece que o jovem Carlo Acutis viveu as virtudes cristãs em nível heroico, o que permite que o seu processo de beatificação dê um passo a mais à reconhecida aprovação pública do seu culto. Esse processo canônico é a oficialização do percurso espiritual de Carlo Acutis.[1] Dizia ele: "A única coisa

---

[1] O processo de beatificação e o processo de canonização são os passos que a Igreja dá até propor uma pessoa como exemplo para os cristãos e como intercessor. Os processos decorrem em várias fases: 1) declaração de *nada obsta* e abertura do processo de beatificação (a pessoa passa a chamar-se *serva de Deus*); 2) é feita a investigação da vida, obras e palavras da pessoa que se quer beatificar. Essa fase

que nós temos de pedir a Deus na oração é a vontade de ser santos". Pediu a vontade de ser santo e viveu-a de tal forma que está a um passo de ser apresentado como modelo oficial de discípulo de Jesus.

Pedir a vontade de ser santos. Nos nossos dias não pode ser outro o objetivo da nossa vida. Se não trabalhamos, se não estudamos, se não levamos toda a nossa vida com o objetivo de ser santos, estamos errando o alvo. Ficou muito conhecida a frase de Carlo: "Todos nascem como originais, mas muitos morrem como xérox".[2] Comenta o papa Francisco a respeito dessa afirmação do nosso jovem milanês:

> [Ele] não caiu na armadilha. Via que muitos jovens, embora parecendo diferentes, na verdade acabam por ser iguais

---

decorre em dois momentos: o momento diocesano, em que são recolhidos todos os materiais e são feitas todas as investigações possíveis; o momento seguinte é o romano, em que todo o material recolhido é entregue na Congregação da Causa dos Santos (organismo da Santa Sé para estes processos) e analisado por especialistas, para a criação de um documento a respeito das virtudes heroicas, que é votado em várias comissões até, finalmente, ser apresentado ao papa; 3) quando o papa aprova o decreto de reconhecimento das virtudes heroicas, entra-se na terceira fase do processo de beatificação: a pessoa passa a ser chamada de *venerável*, o que significa que a sua vida espelha efetivamente o seguimento de Jesus Cristo e a vivência em nível extraordinário da fé cristã; 4) começa o processo a respeito do reconhecimento do martírio (caso haja) ou de um milagre (caso a pessoa não tenha morrido mártir): sendo positiva a resposta a respeito do martírio ou caso seja reconhecido um milagre, está tudo preparado para, por aprovação do Santo Padre, aquela pessoa ser declarada *beata*. Depois da beatificação (celebração em que são declarados os novos beatos), segue-se a abertura do processo de canonização, em que é necessário o reconhecimento de um milagre (para os mártires) ou de um segundo milagre (para os outros). Reconhecido esse milagre, com a aprovação do papa, a pessoa pode ser declarada *santa* e o seu culto é permitido em toda a Igreja.

[2] Gori, N. *Un genio dell'informatica in cielo. Biografia del Servo di Dio Carlo Acutis* (2016). Vaticano: Libreria Editrice Vaticana, p. 42-43.

aos outros, correndo atrás do que os poderosos lhes impõem através dos mecanismos de consumo e distração. Assim, não deixam brotar os dons que o Senhor lhes deu, não colocam à disposição deste mundo as capacidades tão pessoais e únicas que Deus semeou em cada um. Na verdade, "todos nascem" – dizia Carlo – "como originais, mas muitos morrem como xérox". Não deixe que isso lhe aconteça![3]

A nossa vida cristã pode ser diferente se cada um de nós tiver a consciência de que é chamado a ser santo. Não só a ser santo como os outros são santos, ou como alguém foi santo há 300, 400 ou 500 anos. Ser santo também não pode ser só imitar a vida toda de Carlo Acutis, de Madre Teresa de Calcutá ou de Teresa d'Ávila. Cada um de nós é chamado a ser santo hoje, nas circunstâncias em que vive, com o caráter e os defeitos que tem, mas também com as virtudes e as coisas boas que sabe fazer. Somos chamados a ser santos na nossa casa e na nossa família, nas nossas escolas, universidades e nos nossos lugares de trabalho, quando praticamos esporte, quando lemos um livro ou quando ouvimos música. A santidade não é viver levitando no meio das nuvens. Ser santo é ser discípulo de Jesus no *aqui* e *agora* de cada um de nós.[4]

---

[3] Papa Francisco, Exortação apostólica *Christus vivit*, n. 106.
[4] Quando se fala do tema da santidade e da vocação universal à santidade, devemos recordar que esse é o tema mais central e a chave hermenêutica do II Concílio do Vaticano (1962-1965). O Concílio, convocado pelo papa São João XXIII (1958-1963), tinha como objetivo trazer a força e a vida do Evangelho para os dias presentes, dias que já nos anos 1960 eram de grandes e rápidas mudanças. Ao longo do Concílio foram publicados vários textos (constituições, decretos e declarações) em que se condensa a proposta conciliar para os cristãos. A propósito da vocação universal à santidade, afirma o Concílio na Constituição sobre a Igreja, intitulada *Lumen gentium*, resumindo a doutrina que propõe: "Todos os

O papa Francisco, na sua Exortação apostólica sobre a santidade, chama a nossa atenção para o que denomina "santos ao pé da porta". Diz o papa:

> Gosto de ver a santidade no povo paciente de Deus: nos pais que criam os seus filhos com tanto amor, nos homens e mulheres que trabalham a fim de trazer o pão para casa, nos doentes, nas consagradas idosas que continuam a sorrir. Nesta constância de continuar a caminhar dia após dia, vejo a santidade da Igreja militante. Esta é muitas vezes a santidade "ao pé da porta", daqueles que vivem perto de nós e são um reflexo da presença de Deus, ou – por outras palavras – da "classe média da santidade".[5]

Como veremos, na vida de Carlo, há esse sabor pelo constante do dia a dia. Gostaria de voltar a insistir: não é preciso levitar, ter visões ou ouvir vozes para ser santo. A santidade acontece no dia a dia, na normalidade. O nosso Carlo foi, sem dúvida, para muita gente (como veremos no livro), esse santo "ao pé da

---

cristãos são, pois, chamados e obrigados a tender à santidade e à perfeição do próprio estado. Procurem, por isso, ordenar retamente os próprios afetos, para não serem impedidos de avançar na perfeição da caridade pelo uso das coisas terrenas e pelo apego às riquezas, em oposição ao espírito da pobreza evangélica, segundo o conselho do Apóstolo: os que usam o mundo façam-no como se dele não usassem, pois é transitório o cenário deste mundo (1Cor 7,31)" (Concílio Vaticano II, Constituição dogmática *Lumen gentium*, n. 42).

[5] Papa Francisco, Exortação apostólica *Gaudete et exsultate*, n. 7. Publicada no ano de 2018, é um precioso instrumento para refletir e repropor a vocação universal à santidade nos dias de hoje. Ao longo de vários passos, muito particularmente em várias meditações sobre passagens da Sagrada Escritura, o papa propõe a todos os católicos formas muito concretas de viver a santidade. A meditação desse texto papal pode ser de grande fruto para quem quiser renovar hoje o compromisso por viver mais santamente na sociedade atual.

porta" que, queira Deus, em breve tempo será elevado à glória dos altares.

Na primeira festa de Todos os Santos do seu pontificado, afirmava o papa Francisco a respeito do que é santidade e do perfil dos santos:

> Os santos não são super-homens, nem nasceram perfeitos. Eles são como nós, como cada um de nós, são pessoas que, antes de alcançar a glória do Céu, levaram uma vida normal, com alegrias e sofrimentos, dificuldades e esperanças. Mas o que mudou a sua vida? Quando conheceram o amor de Deus, seguiram-no com todo o seu coração, de maneira incondicional, sem hipocrisias; dedicaram a própria vida ao serviço do próximo, suportaram sofrimentos e adversidades sem ódio, respondendo ao mal com o bem, difundindo alegria e paz. Esta é a vida dos santos: pessoas que, por amor a Deus, na sua vida não lhe puseram condições; não foram hipócritas; consagraram a própria vida ao serviço dos outros, para servir o próximo; padeceram muitas adversidades, mas sem ódio. Os santos nunca odiaram. Compreendam bem isto: o amor é de Deus, mas de quem provém o ódio? O ódio não vem de Deus, mas do diabo! E os santos afastaram-se do diabo; os santos são homens e mulheres que têm alegria no seu coração e que a transmitem aos outros. Nunca odiar, mas servir os outros, os mais necessitados; rezar e viver na alegria: eis o caminho da santidade![6]

Essas palavras assentam perfeitamente no perfil espiritual de Carlo Acutis. Ele levou uma vida normal: nasceu numa família normal, cresceu como qualquer

---
[6] Papa Francisco, *Angelus*, 1 de novembro de 2013.

criança, tinha amigos, brincava, jogava *PlayStation* e *Pokémon*, via desenhos animados. Conheceu profundamente o amor de Deus, particularmente na devoção à santíssima Eucaristia. Falava com Jesus, rezava todos os dias o terço. Procurava superar os defeitos e os pecados que o afastavam do amor de Deus e que o impediam de seguir mais perfeitamente a Cristo. Não colocou qualquer condição a Deus; antes, entregou-se sempre totalmente à sua vontade, procurando em cada gesto, em cada palavra, em cada pessoa que encontrava, a melhor forma de servir. Ficou famoso pelo cuidado que tinha pelos últimos: os colegas de escola que por algum motivo eram postos à parte pelos outros, as crianças menores e frágeis e os necessitados, de forma particular os sem-teto. Em tudo, é característica de Carlo o seu sorriso, de uma alegria profunda e verdadeira. Uma alegria que sempre o acompanhará, mesmo momentos antes de morrer com um sofrimento terrível, como testemunha uma enfermeira do hospital onde faleceu: todas as suas respostas começavam por um sorriso.

Tudo isso é possível, porque Carlo tinha em si a vida de Deus. Muitas vezes se reduz o cristianismo a um código ético ou moral, a um conjunto de normas de boa conduta, ou então a um conjunto de conhecimentos que se possuem intelectualmente. Escolhemos como título deste livro a frase de Carlo: "Não eu, mas Deus!".[7] Reduzir o cristianismo a qualquer outra

---

[7] Gori, N. *Un genio dell'informatica in cielo. Biografia del Servo di Dio Carlo Acutis* (2016). Vaticano: Libreria Editrice Vaticana, p. 23; continuaremos a seguir a citação. Em italiano – língua que Carlo falava – percebe-se melhor o jogo de palavras desta expressão: *"Non io, ma Dio!"*. Para transformar "eu" em "Deus", em italiano, basta acrescentar um D. Por isso, a santidade é um processo de

coisa que não seja a relação pessoal com Jesus Cristo significa sempre centrar a vida no "eu", e não em "Deus". Correr o "risco" de viver a verdadeira aventura da fé tem de significar sempre um "descentrar-me" de mim próprio e dar lugar a Deus. Deixar que seja ele a conduzir a minha vida, que seja ele a trazer surpresas e aventuras para o meu dia a dia. Carlo continua aquela frase, dizendo: "A santidade não é um processo de soma, mas de subtração: menos eu para deixar espaço a Deus".[8] Quero que este livro seja um convite a arranjar esse espaço para Deus. Um jovem que morre com apenas quinze anos é um exemplo forte o suficiente para vermos como cada um de nós precisa viver isto: deixar que Deus esteja no centro da nossa existência.[9]

Decidi dedicar este livro a todos os rapazes e moças que, no contexto da minha vida pastoral como sacerdote, receberam ou, ao longo dos anos que se aproximam, hão de receber a sagrada comunhão pela primeira vez das minhas mãos, porque acredito que Carlo Acutis é um modelo para eles. Não só um modelo de piedade – que também o é! –, mas sobretudo um modelo de jovem cristão. Nele não há hipocrisia nem "devoção de plástico". Há uma autenticidade que a todos toca. É meu desejo que toque todos os

---

subtração: menos eu, menos egoísmo, menos "querer ficar no centro", para que Deus se manifeste, Deus se mostre, Deus aja por meio de cada um de nós.
[8] Gori, N. *Un genio dell'informatica in cielo. Biografia del Servo di Dio Carlo Acutis* (2016). Vaticano: Libreria Editrice Vaticana, p. 23.
[9] Creio que este é o grande desafio para os nossos dias. Ter Deus no centro implica estar disposto a viver para as realidades que não se veem. Carlo é um convite a apostar no essencial que é invisível aos olhos (como no livro *O Pequeno Príncipe*, de Saint-Exupéry).

jovens que recebem Jesus no santíssimo sacramento da Eucaristia.

Carlo foi beatificado em Assis, no dia 10 de outubro de 2020. Seu processo de canonização está avançando e todos somos convidados a pedir a Deus esse último passo, para que a sua vida e o seu testemunho de amor a Jesus Cristo sejam ainda mais conhecidos, em todo o mundo. Quero terminar esta introdução, deixando a oração oficial para pedir a canonização de Carlo:

Ó Pai,
que nos destes o testemunho apaixonado
do jovem Beato Carlo Acutis,
que fez da Eucaristia o centro de sua vida
e a força de seu empenho diário
para que também os outros vos amassem acima
de todas as coisas,
fazei com que possa ser em breve
considerado um dos santos
da vossa Igreja.
Confirmai a minha fé,
alimentai a minha esperança,
revigorai a minha caridade,
à imagem do jovem Carlo,
que, ao crescer com essas virtudes,
agora vive perto de vós.
Concedei a graça que tanto desejo:
[dizer a graça que se quer pedir].
Confio em vós, Pai,
e em vosso amadíssimo Filho Jesus,
na Virgem Maria, nossa doce Mãe,

e na intercessão do vosso Beato
Carlo Acutis.
Pai-nosso... Ave-maria... Glória ao Pai...

Origem das citações e de todas as referências

É uma grande alegria ver os resultados de uma pesquisa num *site* de busca pelo nome "Carlo Acutis": 130.000 resultados. Acutis – a sua vida, a sua história, o seu pensamento – é sumamente divulgado por todo o mundo. É esse fato, aliás, que nos faz publicar este livro: fazia falta uma oportunidade de ver reunidas num único volume muitas das informações que estão espalhadas por vários meios. Toda a documentação está referenciada na página da causa de beatificação: www.carloacutis.com. Os livros que consultamos:

Gori, N. *Eucaristia: La mia Autostrada per il cielo. Biografia di Carlo Acutis* (2007). Milão: Edizioni San Paolo.

_____. *Carlo Acutis: Un giovane per i giovani* (2013). Milão: Edizioni San Paolo.

_____. *Un genio dell'informatica in cielo: Biografia del Servo di Dio Carlo Acutis* (2016). Cidade do Vaticano: Libreria Editrice Vaticana.

Ruffato, L. F. *Carlo Acutis: Adolescente innamorato di Dio* (2018). Pádua: Edizioni Messaggero.

Paris, G. *Carlo Acutis: Il discepolo prediletto* (2018). Pádua: Edizioni Messaggero.

Occhetta, F. *Carlo Acutis: a vida além do limite*. São Paulo: Paulinas.

Agradecimentos

Em primeiro lugar, agradeço a Deus ter colocado na minha vida a história de Carlo, para agora a dar a conhecer nos países de língua portuguesa. Depois, agradeço às pessoas que me foram dando apoio e estímulo para escrever o livro: a editora PAULUS, que abraçou o projeto desde o primeiro momento; o padre Marco Leotta, com quem fui partilhando a investigação e que muito me apoiou para que pudesse escrever o livro; o padre Miguel Cabral, pelo apoio sempre pronto e pela grande amizade; Simão Abecassis Correia, que aceitou escrever o prefácio e que dá um grande exemplo de coragem e fé; a equipe 158L, que muito apoio me deu, não só pela grande amizade, mas também pela revisão do texto feita por Rosarinho Telles e por Isabel Paes Afonso. A revisão do manuscrito também foi feita por Fátima Pata, amiga de longa data e "avó" do coração. Finalmente, agradeço muito a todos os jovens que Deus colocou no meu caminho e em quem vejo a promessa de Deus de derramar a sua santidade na Igreja e no mundo.

Nota do autor

Em nada pretendo antecipar o juízo da Santa Mãe Igreja em relação à canonização do Beato Carlo Acutis. Por isso, declaramos que tudo o que aqui afirmamos não pretende antecipar uma declaração oficial por parte das autoridades competentes, mas tão somente dar a conhecer de modo ordinário a história da vida e a espiritualidade de Carlo Acutis.

Viver a partir do fim

Como serão os nossos momentos derradeiros? Se tivermos consciência de que vamos morrer em poucas semanas, dias, minutos, qual a nossa atitude? Infelizmente, acompanhamos muitas pessoas que, ao chegar o final da sua vida, sentem que "erraram o alvo":[1] viveram mais ou menos anos, mas experimentam que a vida foi quase um vazio. Quando acompanhamos os relatos dos últimos momentos da vida de Carlo Acutis, vemos que com ele não foi assim! Ele "acertou o alvo": viveu santamente e foi feliz.

Demos como subtítulo a este livro "Biografia espiritual". Uma biografia normal começa por contar a história a partir do início. Creio que no caso de uma vida santa se deve começar pelo fim. Começamos pelo fim porque a proposta mais radical da vida cristã é precisamente esta: viver a partir do fim. É como Jesus: viver a partir da ressurreição! É a melhor aposta, uma vez que significa ver toda a vida, todas as decisões, todas as escolhas, a partir daquilo que é definitivo, que vale para sempre e que tem sabor de eternidade. Ainda que nada levasse Carlo a intuir que o momento da sua morte estava próximo, ele diz no

---

[1] Já na introdução referimos esta expressão. Ela remete para a origem grega do termo que traduz "pecado". Em grego bíblico diz-se *hamartía*, que traduzido à letra significa "errar o alvo". Efetivamente, o pecado é "errar o alvo", pois o alvo devia ser: em tudo e por tudo fazer a vontade de Deus.

final de um vídeo gravado cerca de dois meses antes da sua partida: "Ganhei 70 quilos e estou destinado a morrer".[2] Essas palavras misteriosas transparecem a permanente presença do céu e o desejo de ser participante da vida divina no paraíso. Sempre que pediam alguma coisa para o futuro, Carlo costumava dizer: "Sim, se ainda estivermos vivos amanhã ou depois de amanhã, porque não posso assegurar a você quantos anos viveremos, porque o futuro só Deus conhece".[3] Muitas pessoas temem a morte. Impressiona a forma como alguém com quinze anos não a temeu.

Para todos os cristãos, é importante a meditação constante dos chamados Novíssimos, palavra que significa "as coisas últimas", as realidades finais. São quatro: morte, juízo, inferno e paraíso. Carlo tinha essas realidades muito presentes na sua vida. Conta o seu pai, Andrea:

> O meu filho vivia uma vida absolutamente normal, mas tinha em mente que mais cedo ou mais tarde devemos morrer. De fato, muitas vezes, quando lhe pediam alguma coisa para o futuro, respondia: "Sim, se ainda estivermos vivos amanhã e depois de amanhã, porque não posso assegurar quantos anos viveremos, porque o futuro só Deus conhece".[4]

Essas palavras que Carlo dizia estão carregadas de Sagrada Escritura, se recordarmos quando o apóstolo Tiago admoesta os destinatários da sua carta:

---

[2] Gori, N. *Eucaristia: La mia Autostrada per il cielo. Biografia di Carlo Acutis* (2007). Milão: Edizioni San Paolo, p. 142.

[3] Gori, N. *Carlo Acutis: Un giovane per i giovani* (2013). Milão: Edizioni San Paolo, p. 312.

[4] Gori, N. *Eucaristia: La mia Autostrada per il cielo. Biografia di Carlo Acutis* (2007). Milão: Edizioni San Paolo, p. 79.

Vamos agora aos que dizem assim: "Amanhã ou depois iremos a tal cidade, passaremos aí um ano, faremos negócios e ganharemos dinheiro". Mas o que vocês sabem do amanhã? O que é a vida de vocês? Uma névoa que aparece por um instante e logo desaparece. Vocês deveriam dizer: "Se o Senhor quiser, nós viveremos e faremos isto ou aquilo" (Tg 4,13-15).

Essa consciência que Carlo tinha a respeito das realidades últimas não deixou de provocar algumas pequenas perseguições por parte de alguns amigos e colegas, que achavam que ele era um pouco exagerado ou intolerante por falar dessas coisas.

Foi a mensagem de Fátima que mais deixou marcadas na consciência de Carlo essas questões em torno das realidades últimas, como ele próprio dizia:

> Se verdadeiramente as almas correm o risco de perder-se, como efetivamente muitos santos testemunharam e mesmo as aparições de Fátima o confirmaram, questiono-me por que é que hoje quase não se fala do inferno, porque é uma coisa tão terrível e assustadora que me dá medo só pensar.[5]

Essa consciência o levou a querer estar sempre preparado para o encontro com Deus. Falava da importância de a alma estar sempre "imaculada e pronta para o encontro com Deus".[6] Preocupava-o verdadeiramente estar em estado de graça para entrar no céu.

No momento em que se conhece a vida de Acutis, é isso que se sente. No final da sua vida, testemunhava:

---

[5] *Idem*, p. 79.
[6] *Idem, ibidem*.

"Estou contente por morrer, porque na minha vida não estraguei nem um instante em coisas que não agradassem a Deus". Por isso, a sua morte teve verdadeiro sentido e significado. Às 6h45 do dia 12 de outubro de 2006, o seu coração parava de bater e cumpria-se toda a força de vida que sempre o acompanhou. A morte cerebral tinha sido declarada horas antes, ainda no dia 11. Quando, um mês antes da sua morte, surgem os primeiros sinais de uma doença, que só veio a ser diagnosticada mais tarde, logo diz à mãe Antônia: "Daqui não saio mais". Ao escutar do médico o diagnóstico, diz: "O Senhor deu-me um 'alarme'".[7] Deu sentido ao seu sofrimento entregando tudo nas mãos de Deus com uma intenção muito forte e particular: "Ofereço todos os sofrimentos que deverei padecer ao Senhor pelo papa e pela Igreja, para não passar pelo purgatório e ir direto para o céu".[8] No Hospital San Gerardo de Monza, um sacerdote administra-lhe o sacramento da unção dos enfermos.

A leucemia fulminante diagnosticada em Carlo foi de tipo M3.[9] Cerca de dez dias medeiam o diagnóstico e a sua morte. Uma vez diagnosticada uma leucemia fulminante, começa uma corrida contra o

---

[7] *Idem*, p. 142.
[8] *Idem*, p. 141.
[9] Que doença é esta? Esclarece o padre e médico Miguel Cabral: "A leucemia mieloide aguda infantil é um tipo de câncer em que a medula óssea produz muitas células sanguíneas anormais (blastos). Essas células invadem a medula óssea e comprometem a produção dos glóbulos vermelhos, dos glóbulos brancos e das plaquetas. Clinicamente pode manifestar-se com os seguintes sinais e sintomas: febre, cansaço, falta de ar, hemorragias, hematomas e infecções. Embora alguns fatores de risco para a leucemia sejam conhecidos, a causa específica permanece incerta. Uma característica da doença é sua rápida progressão, podendo ser fatal num curto espaço de tempo (semanas ou meses)".

tempo. A característica da leucemia contraída pelo nosso jovem santo é o desaparecimento dos glóbulos vermelhos a um ritmo mais rápido que a sua produção no organismo. O efeito dessa doença em todo o organismo é terrível. Mas Carlo nunca perdeu o espírito bondoso que o acompanhava e nem por um momento nele se encontrou qualquer queixa ou fechamento pelo estado de saúde que o acometia. Quando os enfermeiros e médicos perguntavam como se sentia, ele respondia: "Bem. Há pessoas que estão pior". Com as dilacerantes dores que sofria, a enfermeira perguntava certas vezes se ele queria que chamassem a mãe para não estar só. Dizia: "Ela também está tão cansada e ficaria ainda mais preocupada". Os vários testemunhos destes últimos dias da sua vida coincidem na forma confiante e heroica como viveu os grandes sofrimentos. Meia hora antes de entrar em coma, um médico pergunta-lhe: "Como se sente?". Ele responde: "Como sempre, bem!". Conta-nos uma enfermeira que as suas respostas começavam sempre com um sorriso.

Essa forma de Carlo viver o sofrimento é a forma que todos os cristãos, em qualquer estado de vida e em qualquer idade, devem assumir para seguir as pegadas de Cristo, que fala também através das contrariedades. Escrevia São João Paulo II sobre a forma cristã de viver o sofrimento:

> Aqueles que participam nos sofrimentos de Cristo têm diante dos olhos o mistério pascal da Cruz e da Ressurreição, no qual Cristo, numa primeira fase, desce às últimas da debilidade e da impotência humana: efetivamente, morre pregado na Cruz. Mas dado que nessa *fraqueza* se realiza

ao mesmo tempo a sua *elevação*, confirmada pela força da Ressurreição, isso significa que as fraquezas de todos os sofrimentos humanos podem ser penetradas pela mesma potência de Deus, manifestada na Cruz de Cristo.[10]

No sofrimento manifesta-se a maturidade e a grandeza espiritual de uma pessoa.[11] Por isso, na forma como vemos o nosso jovem Carlo viver aqueles momentos de sofrimento, vemos a prova de uma particular maturidade e grandeza espiritual inesperadas em alguém tão jovem.

Antes de morrer, Carlo definiu um plano para a sua vida: "Estar sempre unido a Jesus, este é o meu projeto de vida".[12] Como viveu ao longo da sua vida a intimidade com Jesus na celebração da Eucaristia e do Sacrário, nos momentos derradeiros encarna de

---

[10] João Paulo II, Carta apostólica *Salvifici doloris*, n. 23. Essa carta apostólica é o maior e mais desenvolvido texto pontifício acerca do sofrimento. Escrito em 1984, algum tempo depois da experiência dolorosa das consequências do atentado que João Paulo II sofreu em 1981, esse texto é, além de um tratado doutrinal, uma meditação profunda e pessoal do papa sobre o mistério do sofrimento.

[11] Dizia João Paulo II: "No decorrer dos séculos e das gerações, tem-se comprovado que *no sofrimento se esconde uma força* particular que *aproxima* interiormente o homem de Cristo, uma graça particular. A esta ficaram devendo a sua profunda conversão muitos santos, como São Francisco de Assis, Santo Inácio de Loyola etc. O fruto de semelhante conversão é não apenas o fato de que o homem descobre o sentido salvífico do sofrimento, mas sobretudo que, no sofrimento, ele se torna um homem totalmente novo. Encontra como que uma maneira nova para avaliar *toda a sua vida e a própria vocação*. Essa descoberta constitui uma confirmação particular da grandeza espiritual que no homem supera o corpo de um modo totalmente incomparável. Quando esse corpo está gravemente doente, ou mesmo completamente inutilizado, e o homem se sente como que incapaz de viver e agir, é então que se põem mais em evidência sua *maturidade interior* e *grandeza espiritual*; e estas constituem uma lição comovente para as pessoas sãs e normais. [...] Essa maturidade interior e grandeza espiritual no sofrimento são *fruto*, certamente, de uma particular *conversão* e cooperação com a graça do Redentor crucificado" (João Paulo II, Carta apostólica *Salvifici doloris*, n. 26).

[12] Gori, N. *Carlo Acutis: Un giovane per i giovani* (2013). Milão: Edizioni San Paolo, p. 7.

forma particular o exemplo de vida do apóstolo São João, o apóstolo predileto, que tanto interpelava o nosso jovem. Também na sua morte, o nosso pequeno se sentiu junto da cruz de Jesus, completando na sua carne o que falta à Paixão de Cristo, pelo seu corpo, que é a Igreja (cf. Cl 1,24). Podemos dizer que, olhando a partir da sua morte, a vida de Carlo foi verdadeiro Evangelho. Alguns testemunhos relatam que no seu funeral se sentia um agradável perfume de lírios, símbolo de nobreza e pureza, as mesmas virtudes que Carlo viveu. Uma igreja repleta de pessoas, novos e velhos, homens, mulheres e crianças, colegas de escola e amigos de brincadeiras, testemunhava que aquela vida não foi uma vida indiferente aos outros. Antes, pelo contrário, foi intensa missão. Pouco mais de um ano antes de morrer, Carlo acompanhou a visita do papa Bento XVI a Colônia, para presidir à Jornada Mundial da Juventude. Nesta, afirmou o papa estas palavras, que nos podem ajudar a ver como hoje a vida de Carlo continua a ser missão:

> Os beatos e os santos foram pessoas que não procuraram de maneira obstinada a própria felicidade, mas simplesmente quiseram doar-se, porque foram alcançados pela luz de Cristo. Eles indicam-nos assim o caminho para nos tornarmos felizes, mostram-nos como se consegue ser pessoas verdadeiramente humanas.[13]

Quis começar pelo fim para, como disse, agora podermos ver a vida de Carlo na perspectiva da

---

[13] Bento XVI, *Discurso*, 20 de agosto de 2005. Disponível em: http://w2.vatican.va/content/benedict-xvi/pt/speeches/2005/august/documents/hf_ben-xvi_spe_20050820_vigil-wyd.html.

ressurreição e da comunhão definitiva com Deus. A entrada na eternidade é no exemplo desse jovem não um "salto", mas uma doce realização daquilo que ele já experimentava aqui na terra. Quem morre assim, quem assim exala o último suspiro, é testemunha do amor de Deus. Sobre o seu funeral, além do testemunho acerca do perfume que se sentia, chegam-nos muitos testemunhos que relatam o ambiente de festa que se vivia. Podemos hoje dizer que é a verdadeira festa do céu acontecendo na terra. Quem vive a morte com os olhos postos na eternidade, como Carlo, não tem nada a temer: vive este doce e profundo desejo de ir para o céu. O próprio jovem dizia: "A nossa meta deve ser o infinito, não o finito".[14] A morte é uma passagem, não um fim. Como dizia: "Encontra Deus e encontrarás o sentido da tua vida".[15] Também Nossa Senhora quis estar, de certa forma, presente no momento da despedida da terra: quando termina a missa de corpo presente, por volta do meio-dia, logo após o sacerdote dizer: "Ide em paz e o Senhor vos acompanhe", os sinos da igreja marcam o *Angelus*. Alguns sacerdotes presentes no funeral diziam que aquele toque de sinos parecia marcar a entrada de Carlo no céu.

Como já dissemos anteriormente, na reta final da sua vida, Carlo dizia algo que deveria ser verdade para cada um de nós: "Estou contente por morrer porque na minha vida não estraguei nem um instante em coisas que não agradassem a Deus". Essa verdade da

---

[14] Gori, N. *Un genio dell'informatica in cielo. Biografia del Servo di Dio Carlo Acutis* (2016). Vaticano: Libreria Editrice Vaticana, p. 33.
[15] *Idem*, p. 15.

sua vida deve ser a verdade das nossas próprias vidas. Só assim se pode viver a partir do fim. Viver a partir do horizonte final da nossa aspiração muda radicalmente a forma de escolher, de decidir. É isso que estará presente em cada passo da vida desse jovem. A vida não é algo que se joga no acaso. A vida deve ser um projeto que se abraça com firmeza. Tem um princípio, um meio e um fim. O fim deve ser o objetivo principal. Não estragar o tempo em coisas que desagradam a Deus deve ser o critério fundamental das nossas decisões. Carlo viveu isso perfeitamente.

Família, formação e um talento incrível

Os últimos meses de Carlo, como se acabou de apontar, mostram uma vida profundamente marcada pelo sofrimento, mas especialmente pela entrega nas mãos de Deus. As dores por que passou fazem dele "um outro Cristo" padecente. Não por acaso, nasceu num dia marcado pela festa da Santa Cruz, dia 3 de maio de 1991. Tradicionalmente é o dia em que se festeja o encontro da relíquia da Santa Cruz por Santa Helena, mãe do imperador Constantino, na sua campanha na Terra Santa pelos lugares e objetos ligados à vida e morte de Jesus. Carlo Acutis nasceu em Londres, Inglaterra, onde os pais se encontravam trabalhando. Primogênito de Andrea Acutis e Antônia Salzano Acutis, estiveram próximos os avós paternos e maternos e ainda a bisavó Adriana.

Família

Nasce de uma família de formação cristã, ainda que os seus pais não sejam praticantes. A sua mãe testemunha que a sua família era "laica": foi à missa no dia da primeira comunhão, no dia da crisma e no dia do casamento. Conclui: "Certamente não era propriamente um exemplo de católica e o meu marido também tinha uma fé morna".[1] Essa é uma informação

---

[1] Paris, G. *Carlo Acutis: Il discepolo prediletto* (2018). Pádua: Edizioni Messaggero, p. 24. Desde que se começou a generalizar o interesse pela vida de

muito importante para perceber a vida de Carlo. A sua predisposição para a vida cristã significou uma mudança para a própria família. A mãe sentiu necessidade de procurar formação para conseguir acompanhar o filho.

Apesar de os pais de Carlo não serem particularmente fervorosos, procuraram desde cedo inseri-lo na Igreja católica. Quinze dias depois do nascimento, em 18 de maio, recebe o sacramento do batismo. Escolheram para batizá-lo a igreja de Nossa Senhora das Dores, também em Londres. É uma igreja onde se encontra uma especial devoção a Nossa Senhora de Fátima, o que, de imediato, lembra vários dos traços da espiritualidade de Carlo, como já vimos anteriormente e como veremos ao longo do livro. Ao mesmo tempo, ao falarmos do batismo, não será demais recordar o que o próprio disse acerca da vida que traz para cada um dos fiéis:

> Permite à alma salvar-se graças à readmissão na vida divina. As pessoas não se dão conta de que este é um dom infinito e, à parte os enfeites, os bolos e o vestido branco, que geralmente as pessoas querem que tenha rendas, não se preocupam absolutamente com entender o sentido deste grande dom que Deus oferece à humanidade.[2]

Carlo, tem havido alguma confusão a respeito da prática cristã da sua família. Com efeito, se os pais, como se disse, não eram particularmente devotos e praticantes, ao mesmo tempo a presença dos avós fazia com que o ambiente cristão e a fé católica não fossem estranhos ao menino. Os próprios pais de Carlo reconhecerão que foi o seu filho quem os conduziu para mais perto de Deus e da Igreja.

[2] Gori, N. *Eucaristia: La mia Autostrada per il cielo. Biografia di Carlo Acutis* (2007). Milão: Edizioni San Paolo, p. 29.

Na formação de Carlo, nos primeiros tempos, intervieram, além dos pais e dos avós, algumas babás, com as quais se conta um bom número de episódios hilariantes, que a extensão deste livro não permite detalhar.[3] Em setembro de 1991, quando Carlo conta poucos meses, a família Acutis regressa à Itália, instalando-se novamente em Milão.

Aos quatro anos, Carlo começa a frequentar um jardim de infância, o que é uma grande fonte de alegria para ele. Filho único, ali encontra muitos meninos da sua idade para brincar. Desde a mais tenra idade, o seu caráter pacífico e ao mesmo tempo firme revela-se no convívio com as outras crianças. Muito pequeno começa a falar. Não de propósito, diz a sua primeira palavra, "papá", aos três meses, e "mamá" aos quatro. Faz parte da sua forma de ser, desde cedo, a facilidade para a comunicação. Quem o conhece daquela época facilmente o descreve como um menino angélico: alegre, calmo, pacífico.

Durante a sua infância passa quase todos os meses de verão – de maio a setembro – na casa dos avós maternos, em Centola, na província de Salerno. É um lugar imerso na natureza, e essa proximidade com as árvores, os animais e a vida do campo lhe permite desenvolver a sua personalidade aberta e espontânea. Ao mesmo tempo, não só socializa com facilidade com os outros meninos da sua idade como também tem uma capacidade tremenda de comunicação com os mais velhos. A sua simpatia para com todos o faz

---

[3] A principal biografia de Carlo é da autoria de Nicola Gori e intitula-se *Eucaristia: La mia Autostrada per il cielo. Biografia di Carlo Acutis*; nesse livro encontram-se os principais detalhes da sua vida.

ganhar a amizade e a estima dos vizinhos dos avós. Ao mesmo tempo, caracterizam-no a obediência e docilidade em relação aos pais e aos educadores.[4]

A família de Carlo experimenta uma situação econômica bastante estável e acima da média. Isso permite que os pais façam múltiplas viagens com o filho, pelo mundo. É de notar que Carlo não peça aos pais para ir aos lugares mais "na moda", mas queira sempre passar por lugares relevantes para a fé cristã. Assis será seu lugar predileto, como diz ao seu diretor espiritual: "Assis é o lugar onde me sinto mais feliz".[5] Além de Assis, pede para visitar os lugares dos milagres eucarísticos, também Lourdes, Fátima, Guadalupe. Ao mesmo tempo, a situação econômica da família não impede o nosso jovem santo de ter consciência das responsabilidades que Deus dá a quem tem mais meios. O próprio afirmava: "As pessoas que têm muitos meios econômicos ou títulos nobiliárquicos não se devem orgulhar fazendo com que os outros se sintam embaraçados".[6] Depois afirma: "Os títulos nobiliárquicos e o dinheiro são apenas

---

[4] O testemunho do seu pai: "A docilidade ao Senhor não se pode alcançar sem se exercitar na docilidade aos próprios legítimos superiores. Nisso Carlo era beneficiado por uma graça especialíssima. De fato, desde pequeno, quando por algum motivo eu o repreendia, mostrava-se logo obediente e submisso, sem nenhum rancor, e isso embora tivesse uma personalidade forte vivíssima. Quem conheceu Carlo sempre percebeu uma harmonia particular no seu modo de lidar com o próximo. Quantas vezes ouvimos repetir-se a frase: 'Carlo é um rapaz especial!'. Possuía um dom particular de simpatia, mas essa atitude não explica por si os rostos que deixou em tantos corações" (Occhetta, F. *Carlo Acutis: a vida além do limite*. São Paulo: Paulinas, p. 16).

[5] Gori, N. *Eucaristia: La mia Autostrada per il cielo. Biografia di Carlo Acutis* (2007). Milão: Edizioni San Paolo, p. 39.

[6] Gori, N. *Un genio dell'informatica in cielo. Biografia del Servo di Dio Carlo Acutis* (2016). Vaticano: Libreria Editrice Vaticana, p. 165.

pedaços de papel; o que conta na vida é a nobreza de alma, ou seja, a maneira como se ama a Deus e se ama o próximo".[7] Em Milão, encontram-se muitos imigrantes, que exercem funções mais simples, como porteiro de condomínios. Carlo procurava ter uma especial predileção por estes, saudando-os com muita alegria e simpatia, e conversando com eles. Além disso, também procurava ajudar os sem-teto e grupos de apoio social.

Formação

Chegados os anos da formação escolar obrigatória, os pais inscrevem-no primeiro no Instituto San Carlo de Milão, mas três meses depois pedem a transferência para a escola primária no Instituto Tommaseo, das irmãs marcelinas. Essa mudança deveu-se tão simplesmente ao fato de esta última escola ser a mais próxima da sua casa. Adapta-se perfeitamente ao novo ambiente e encontra um acolhimento muito caloroso e familiar. Esse acolhimento é fruto da sua simpatia, que não se restringe apenas aos companheiros de aula. Também as irmãs marcelinas testemunham a sua grande simpatia, além dos porteiros, quer da escola quer de prédios em frente dos quais ele passava, que contam como Carlo, quando cruzava com eles, procurava simpaticamente sempre os cumprimentar. Quem desempenha essas funções são principalmente estrangeiros, pelo que a simpatia e a alegria daquele menino italiano marcava muito aquelas pessoas. Era um menino especial, que tinha uma proximidade e uma simpatia que contagiavam a todos.

---

[7] *Idem, Ibidem*, p. 165.

Com facilidade podemos pensar que Carlo seria um jovem que adotava um estilo diferente dos outros rapazes da sua idade. Não é verdade. Há uma grande harmonia na sua vida: se, por um lado, leva uma vida de oração intensa e dedicada, por outro, tem uma convivência com amigos muito viva. Pratica algum esporte, diverte-se com jogos de computador, gosta de desenhos animados. Pode se dizer que é um adolescente como qualquer outro. Por isso é que a sua forte vida cristã é extraordinária: a sua vida normal é capaz de transportar sinais fortes da vida de Deus nele.

Ao mesmo tempo, entre os seus amigos, Carlo é um verdadeiro apóstolo. Primeiro, na escola tem sempre uma grande preocupação por defender os mais fracos ou os que são postos de parte. Com o seu grupo de amigos, dá conselhos para que todos levem uma vida de acordo com a proposta cristã. Mais à frente, falaremos do seu talento para a informática. Mas já aqui podemos assinalar como ele prezava muito a pureza de vida e de costumes. Alertava os colegas e amigos para os perigos do mau uso dos computadores, nomeadamente o grande perigo da pornografia. Levava uma vida muito pura, no trato com todos, particularmente com as jovens. Essa pureza de coração que, como o Senhor Jesus promete, é condição para que se possa ver a Deus (cf. Mt 5,8) é uma das características do nosso jovem santo. Por isso, o olhar de Carlo era puro e pôde receber todas as graças que Deus lhe quis conceder, para viver 100% a vida cristã.

Carlo também se envolvia em vários projetos da escola. O voluntariado terá uma importância particular:

ajudava a divulgar, empenhava-se em participar em várias iniciativas. Além de toda a caridade que Carlo já praticava no seu dia a dia, também teve um papel muito particular aquela que ele realizou através da escola. Também se envolveu em iniciativas de formação cristã. Conta o padre Gazzaniga, do Instituto Leão XIII, que, quando outro padre foi à sala de aula de Carlo apresentar e propor a participação no grupo Comunidade de Vida Cristã (também conhecido por CVX), Carlo foi o único a levantar o braço e a dizer que lhe interessava aquele itinerário. O único! Carlo não tinha vergonha de mostrar que era cristão, de falar da sua fé, de defender a fé cristã diante dos outros. Desde cedo se mostraram nele aqueles traços de coragem e de força interior para defender a verdade. Não receava ser desprezado pelos que pensavam de forma diferente, nem tinha medo de ser posto de lado. Conhecia a verdade, vivia conforme e a defendia diante de todos.

Talento para a informática

Desde muito cedo Carlo interessou-se por informática. Os meios financeiros dos pais permitiram que tivesse esse tipo de equipamentos desde jovem. Aplicou-se no uso minucioso e no aprofundamento dos sistemas e programas. Interessava-se, pedindo aos pais que lhe comprassem livros de programação e sobre o uso aprofundado de vários programas. Alguns engenheiros da computação amigos da família ficavam espantados com as capacidades e os conhecimentos que o nosso jovem santo possuía.

Aplicou os conhecimentos e o gosto pelos computadores também na obra da evangelização. Além de vários filmes de entretenimento, criou alguns vídeos em que os seus animais de estimação desempenhavam os papéis principais. Fazia também pequenos filmes em que apresentava pontos sobre a fé, especialmente a Eucaristia. Montava filmes em que procurava mostrar a beleza da criação e a beleza da presença de Deus na vida das pessoas. Usava os seus conhecimentos em computação para ajudar em iniciativas de voluntariado da escola que frequentava, muito concretamente na construção do *site* para o voluntariado do Instituto Leão XIII e na criação de vários *spots* para promover as ações de voluntariado.[8] Esse aspecto é muito importante, porque mostra como Carlo vivia todas as realidades através de um grande e forte compromisso espiritual: nada na sua vida é indiferente à vida espiritual e tudo deve ser usado para a alimentar e a fazer crescer. Na recente Exortação apostólica dirigida aos jovens, o papa Francisco cita o exemplo do nosso jovem milanês como referência para todos:

> É verdade que o mundo digital pode expor-te ao risco de te fechares em ti mesmo, de isolamento ou do prazer vazio. Mas não esqueças a existência de jovens que, também nestas áreas, são criativos e às vezes geniais. É o caso do jovem Beato Carlo Acutis.[9]

Continua o Santo Padre em seguida:

---

[8] Na página do apostolado brasileiro "Carlo Acutis – O Anjo da Juventude" podem encontrar-se vários dos vídeos criados por ele: http://carloacutisbr.blogspot.com/p/videos.html.

[9] Papa Francisco, Exortação apostólica *Christus vivit*, n. 104.

Ele sabia muito bem que esses mecanismos da comunicação, da publicidade e das redes sociais podem ser utilizados para nos tornar sujeitos adormecidos, dependentes do consumo e das novidades que podemos comprar, obcecados pelo tempo livre, fechados na negatividade. Mas ele soube usar as novas técnicas de comunicação para transmitir o Evangelho, para comunicar valores e beleza.[10]

Um dos seus interesses particulares a respeito de informática é o aprofundamento dos conhecimentos de programação. Lia vários textos e fazia muitas pesquisas para aprender a dominar melhor os meios que tinha à sua disposição. Queria aprender precisamente a programação para ser mais livre na criação de conteúdos. O esforço por saber cada vez mais programação servia de forma semelhante àquela que era a sua aplicação na vida espiritual. Uma amiga recorda que ele dizia:

> Se se sabe usar o computador verdadeiramente, deve-se estar ao nível de também saber decifrar os programas, caso contrário, significa que se é um simples operador e não um programador.[11]

Essa ânsia de ser mais, fazer mais, ir mais fundo, ir além da mediocridade, que tantas vezes é a meta apresentada a todos os jovens, é uma atitude constante de Carlo, percorrendo toda a sua vida. Também no uso do computador!

---

[10] *Idem, ibidem*, n. 105.
[11] Gori, N. *Un genio dell'informatica in cielo. Biografia del Servo di Dio Carlo Acutis* (2016). Vaticano: Libreria Editrice Vaticana, p. 74.

Se, como já assinalamos, Carlo aplicava os seus conhecimentos para os meios da evangelização, também é já fruto das investigações que se fizeram a respeito da sua vida que se sabe que ele não deu usos ilícitos aos meios informáticos que tinha à sua disposição. Tudo indica que nunca procurou conteúdos pornográficos, que poderiam ferir a sua pureza de alma.[12] Aliás, como já dissemos também, junto dos colegas e amigos chamava a atenção para os perigos que um mau uso dos computadores poderia trazer para a alma. Hoje, talvez mais do que nunca, é importante alertar para o fato de, no centro do problema da pornografia, estar um grave atentado à dignidade da pessoa: quer de quem é objeto de tais materiais, quer da dignidade de quem consulta, na medida em que reduz o corpo humano a um simples

---

[12] Hoje em dia, a pornografia e a difusão de tais materiais significam um verdadeiro flagelo. Recentemente o papa Francisco, ainda que falando particularmente sobre o caso dos abusos contra menores, fazia considerações de forma mais geral: "Dos estudos realizados, nos últimos anos, sobre o fenômeno dos abusos sexuais contra menores, resulta também que o desenvolvimento da *web* e dos *mass media* contribuiu para aumentar significativamente os casos de abusos e violências perpetrados *on-line*. A difusão da pornografia cresce rapidamente no mundo através da internet. O flagelo da pornografia assumiu dimensões assustadoras, com efeitos deletérios sobre a psique e as relações entre homem e mulher, e entre estes e os filhos. É um fenômeno em crescimento contínuo" (Papa Francisco, *Discurso* de 24 de fevereiro de 2019). No mesmo discurso, acrescentaria ainda o papa como medida importante: "Irmãos e irmãs: o crime não goza do direito à liberdade. É absolutamente necessário opor-se com a máxima decisão a tais abomínios, vigiar e lutar para que o desenvolvimento dos pequeninos não seja perturbado nem abalado por um acesso descontrolado à pornografia, que deixará sinais negativos profundos na sua mente e na sua alma. Devemos esforçar-nos para que as jovens e os jovens [...] não se tornem escravos de dependências baseadas na exploração e no abuso criminoso dos inocentes e suas imagens, e no desprezo da dignidade da mulher e da pessoa humana".

objeto de prazer. O caminho da pureza de coração é o caminho luminoso para todos os que querem ser cristãos hoje. O corpo, e de forma particular a sexualidade, é dom de Deus e, por isso, também deve estar ao serviço da busca da santidade.[13]

O talento de Carlo para a informática pode vir a torná-lo um excelente padroeiro para os internautas. O mundo digital é hoje um grande "continente" que necessita de ser evangelizado, como há alguns séculos muitos missionários cristãos partiram para evangelizar as terras descobertas. Também hoje são necessários missionários para evangelizar esses vastos "terrenos" e assim levar muitos para Cristo e aproveitar todas as oportunidades para que as realidades humanas não fiquem condenadas a critérios meramente humanos: é necessário elevar as vidas para Deus. O magistério dos papas mais recentes não ignora as potencialidades e os perigos dos novos meios digitais. Nota-se que constantemente os papas recordam que, na utilização dos novos meios de comunicação, não se deve optar por um uso "superficial", mas se deve sempre caminhar para uma verdadeira comunhão. No ano de 2009, o papa Bento XVI escreveu este apelo na sua mensagem para o Dia Mundial das Comunicações Sociais:

---

[13] Parece-me que aqui reside a chave para se compreender a proposta de moral sexual da Igreja. A sexualidade entendida separadamente de todo o ser humano e, assim, também das suas procuras e anseios espirituais é uma sexualidade fechada em si mesma. A sexualidade tem de estar ao serviço do projeto total da vida humana e, por isso, do grande objetivo que é ser santos. Separada dessa consciência mais ampla, torna-se instrumento de prazer, mas também de infelicidade e egoísmo.

Quero concluir esta mensagem dirigindo-me especialmente aos *jovens católicos*, para os exortar a levarem para o mundo digital o testemunho da sua fé. Caríssimos, senti-vos comprometidos a introduzir na cultura desse novo ambiente comunicador e informativo os valores sobre os quais assenta a vossa vida. Nos primeiros tempos da Igreja, os apóstolos e os seus discípulos levaram a Boa-Nova de Jesus ao mundo greco-romano: como então a evangelização, para ser frutuosa, requereu uma atenta compreensão da cultura e dos costumes daqueles povos pagãos, com o intuito de tocar as suas mentes e corações, assim agora o anúncio de Cristo no mundo das novas tecnologias supõe um conhecimento profundo das mesmas para se chegar a sua conveniente utilização. A vós, jovens, que vos encontrais quase espontaneamente em sintonia com esses novos meios de comunicação, compete de modo particular a tarefa da evangelização desse "continente digital". Sabei assumir com entusiasmo o anúncio do Evangelho aos da vossa idade! Conheceis os seus medos e as suas esperanças, os seus entusiasmos e as suas desilusões: o dom mais precioso que lhes podeis oferecer é partilhar com eles a "boa-nova" de um Deus que se fez homem, sofreu, morreu e ressuscitou para salvar a humanidade. O coração humano anseia por um mundo onde reine o amor, onde os dons sejam compartilhados, onde se construa a unidade, onde a liberdade encontre o seu significado na verdade e onde a identidade de cada um se realize numa respeitosa comunhão. A essas expectativas pode dar resposta a fé: sede os seus arautos![14]

---

[14] Bento XVI, *Mensagem para o 43º Dia Mundial das Comunicações Sociais*. Disponível em: http://w2.vatican.va/content/benedict-xvi/pt/messages/communications/documents/hf_ben-xvi_mes_20090124_43rd-world-communications-day.html.

Carlo teve muito presente essa vontade de evangelizar por meio dos meios digitais e, por isso, é exemplo para todos, hoje.

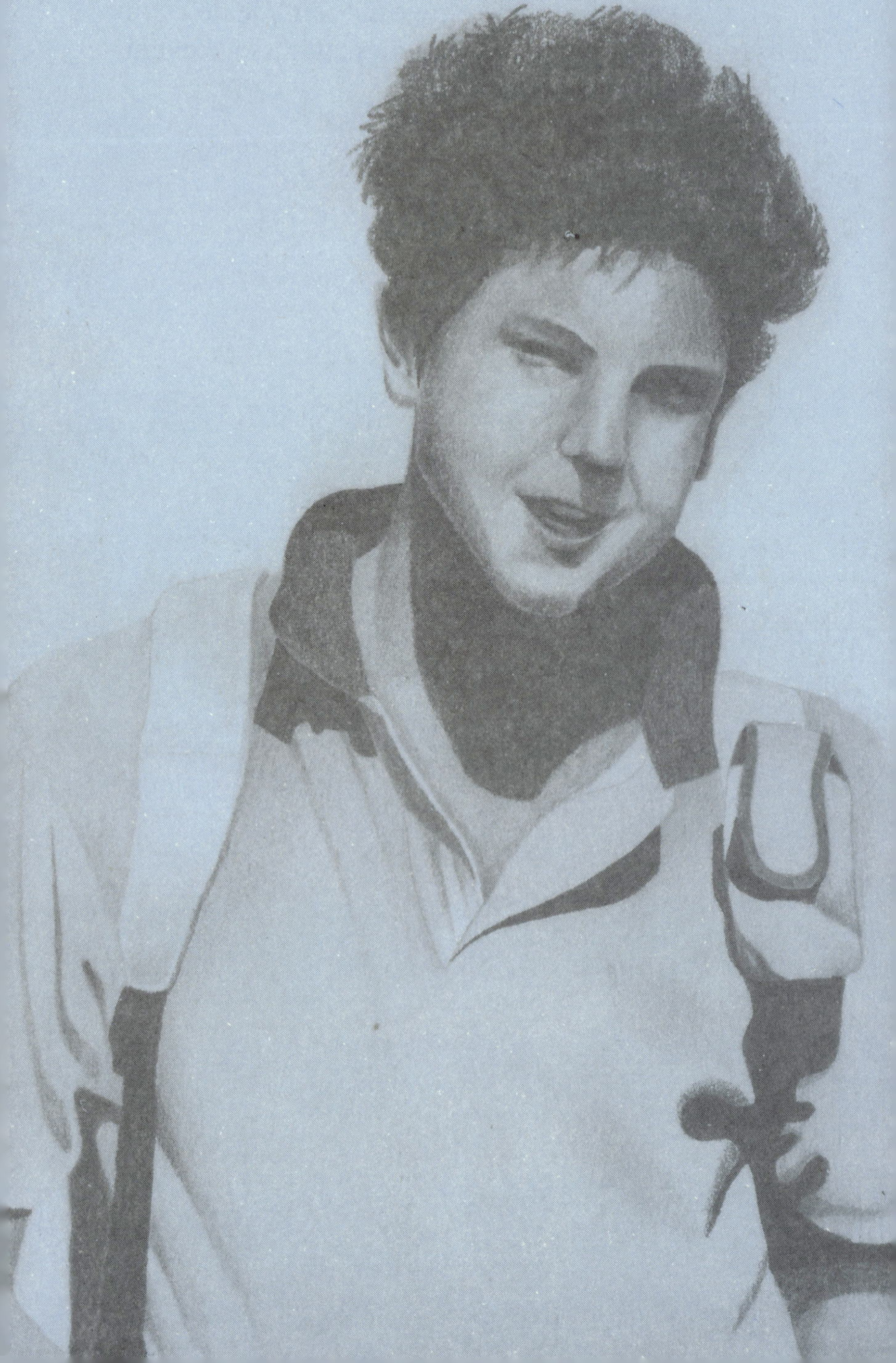

Programa de vida espiritual

Que seria de nós se tivéssemos um carro fantástico, com grande capacidade? Pensemos que temos uma Ferrari. Um motor com capacidade extraordinária, um potencial incrível. Mas agora imaginemos que essa Ferrari que nos deram, capaz de andar em alta velocidade, não tem volante. Podemos pressionar o acelerador, mas não podemos dirigi-la. De que nos serve esse carro? Pode ser fantástico, mas não serve muito. Assim também são a nossa alma e a nossa vida espiritual: podem ser incríveis, mas se não têm direção, se não têm um programa, se não têm um volante com o qual possam ser dirigidas, de nada servem. Acabamos por desistir de ter vida espiritual.

A característica mais marcante da vida de Carlo é a forma como na sua juventude conseguiu alcançar tão alta vida espiritual. Só foi possível com uma vida espiritual muito exigente. Não podemos esquecer isto: só podemos crescer na vida cristã se nos aplicarmos com dedicação a percorrer esse caminho. Não podemos querer que a vida cristã "apareça do nada".[1] Antes

---

[1] Carlo Acutis viveu isto de forma particular. O seu pai testemunha: "Como nas artes humanas a excelência se obtém por meio de duros e longos sacrifícios, da mesma forma no campo espiritual não se pode 'elevar' senão pela constância das práticas de fé. Em Carlo podia admirar-se uma contínua e sempre renovada orientação da vontade ao bem. Isso era possível graças ao seu abandono ao Senhor. Os seus segredos eram uma firme e sempre renovada vontade de colocar Deus em primeiro lugar e o recurso constante aos tesouros administrados

de tudo, tem de haver a disponibilidade para Deus. O nosso Deus cristão ama cada um dos seres humanos tal como os criou: livres. Por isso, espera que o amemos livremente. Dá-nos as graças necessárias para que a nossa inteligência e a nossa vontade sejam iluminadas para dar esse passo, mas é sempre uma graça que respeita a liberdade pessoal. Deus não quer ninguém obrigado ou contrariado. Deus quer que cada um de nós dê o passo rumo ao amor de uma forma totalmente livre.

Oração

Certa vez, Carlo dizia ao seu pároco:

> Diga-me se erro, mas o Senhor é o único a quem não devemos pedir audiência com horário marcado. A ele posso sempre confiar qualquer coisa, posso também lamentar-me, interrogá-lo no seu silêncio e dizer-lhe aquilo que não percebo. E depois dentro de mim encontro uma palavra que ele me manda: um momento do Evangelho que me envolve de persuasão e de segurança.[2]

A principal característica da oração de Carlo é a intimidade com Jesus. Para ele, a oração nunca era um momento de "abstração", mas um encontro concreto com Deus. Afirmava: "Gosto de falar com Jesus

---

pela Igreja: a Eucaristia e a confissão. Resultava daí uma personalidade harmoniosa que irradiava uma grande serenidade. O que frequentemente se faz de modo artificial por convenção social, Carlo fazia naturalmente como guiado pelo Senhor. Assim, gestos aparentemente banais, como um bom-dia que repetimos com muita frequência só por formalidade, em Carlo tornavam-se flechas de caridade que tocavam os corações" (Occhetta, F. *Carlo Acutis: a vida além do limite*. São Paulo: Paulinas, p. 16-17).

[2] Gori, N. *Un genio dell'informatica in cielo. Biografia del Servo di Dio Carlo Acutis* (2016). Vaticano: Libreria Editrice Vaticana, p. 29.

de tudo o que vivo e sinto".[3] Como se nota nas palavras citadas, encontrava na Sagrada Escritura – e de forma muito particular nos Evangelhos – o alimento para a oração. Dizia: "A Palavra de Deus é Palavra de vida eterna".[4] Na vida de Jesus e também na vida de Nossa Senhora e dos santos, encontrava vários elementos que o ajudavam a viver a vida de oração. Recomendava: "Procure ler todos os dias um trecho da Sagrada Escritura".[5] Não deixa de ser interessante ver como Carlo está muito de acordo com a espiritualidade vaticinada pelo Concílio do Vaticano II, segundo o qual a Palavra de Deus deve ser o alimento da vida espiritual.[6] Carlo experimentou isso de forma muito forte, e a Palavra, de forma particular o Evangelho, foi alimento para ele. Palavra de Deus não como "história moralista", que ensina preceitos e atitudes para sermos "bonzinhos", mas Palavra que comunica uma pessoa que promete vida eterna:

> Palavra de vida eterna é eterna, dá vida eterna, pensa em eternidade, comunica em eternidade, é substanciada de eternidade, única no seu gênero, inimitável, insubstituível, iniludível, não eliminável.[7]

---

[3] *Idem, ibidem*, p. 20.
[4] Ruffato, L. F. (2018) *Carlo Acutis: Adolescente innamorato di Dio*. Pádua: Edizioni Messaggero, p. 79.
[5] Gori, N. *Carlo Acutis: Un giovane per i giovani* (2013). Milão: Edizioni San Paolo, p. 109.
[6] A Constituição dogmática sobre a revelação divina afirma: "Nos livros sagrados, o Pai que está nos Céus vem amorosamente ao encontro de seus filhos, a conversar com eles; e é tão grande a força e a virtude da palavra de Deus que se torna o apoio vigoroso da Igreja, solidez da fé para os filhos da Igreja, alimento da alma, fonte pura e perene de vida espiritual" (*Dei Verbum*, n. 21).
[7] Ruffato, L. F. *Carlo Acutis: Adolescente innamorato di Dio* (2018). Pádua: Edizioni Messaggero, p. 79.

Dizia:

> Desde o momento que existe a Palavra de vida eterna, desde que esta realidade está disponível, deve colocar-se à sua escuta, orientar para ela a razão, dirigir-lhe o ânimo. A ela configurar os sentimentos, guiar a fantasia, reavivar a fé, reviver a esperança, reanimar a caridade.[8]

Pela forma como a vivia, a Eucaristia era o centro da vida cristã de Carlo, e por isso achamos bem tratar esta vivência separadamente do programa de vida espiritual, ainda que seja a parte mais importante do seu perfil espiritual. Não se deve desligar uma da outra. Podemos lembrar agora apenas isto: quando Carlo passava junto de uma igreja em que houvesse um sacrário, entrava para saudar Jesus. Vamos ver no capítulo seguinte os elementos eucarísticos da vida de Carlo: motor da sua vida espiritual.

Na sua vida de oração, vemos que Carlo se empenha sempre na luta contra os seus defeitos. Dizia: "De que vale ao homem vencer mil batalhas, se depois não é capaz de se vencer a si mesmo com as próprias paixões corrompidas?".[9] Dizia a respeito da conversão: "A conversão não é outra coisa que deslocar o olhar de baixo para o alto, basta um simples movimento dos olhos".[10] A oração é a continuação no dia a dia deste movimento inicial da conversão: olhar para Deus, voltar o coração para Deus. Como nos é recordado em cada missa: "Corações ao alto!". Respondemos com

---

[8] Idem, p. 80.
[9] Occhetta, F. *Carlo Acutis: a vida além do limite*. São Paulo: Paulinas, p. 18.
[10] Idem, ibidem.

a boca, e esperamos que também com o coração: "O nosso coração está em Deus!".

A oração é o meio de intimidade com Deus. A figura que aparece no Evangelho com quem mais Carlo se assemelha é, sem dúvida, o jovem apóstolo São João. Teve a graça de ser o predileto de Jesus, que o tratava com um carinho especial, mas também com grande exigência. Por seu lado, Carlo teve a graça de se reclinar sobre o peito de Jesus, pela forma como procurava a adoração eucarística e assim se sentia envolvido por Jesus, sentia uma profunda e íntima relação com o Senhor. Teve a graça de escutar o coração sacratíssimo de Jesus. O nosso jovem tinha consciência de que todas as pessoas são chamadas a fazer essa mesma experiência. Afirmava:

> É maravilhoso, porque todos os homens são chamados a ser, como João, discípulos prediletos, basta tornarem-se almas eucarísticas, permitindo a Deus operar em nós aquelas maravilhas que só ele pode fazer! Contudo quer a livre adesão da nossa vontade. Deus não gosta de forçar ninguém. Quer o nosso livre amor.[11]

A oração é o diálogo da alma com Deus. São Tomás de Aquino define a oração como "expressão do desejo que o homem tem de Deus". Deixar Deus entrar na própria vida é deixar que a nossa vida, a nossa alma se transforme à luz de Deus e da sua vontade. Carlo dizia que "com o Senhor tudo se reordena, se compensa, se reequilibra, se purifica".[12] A oração deve sempre ser

---

[11] *Idem*, p. 29.

[12] Ruffato, L. F. (2018) *Carlo Acutis: Adolescente innamorato di Dio*. Pádua: Edizioni Messaggero, p. 80.

um mergulho na vida de Deus. Nós, cristãos, somos chamados a partilhar a vida de Deus. Somos chamados a participar da vida divina, por meio da graça de Deus. Viver em estado de graça é experimentar essa vida divina. Carlo dizia: "Deve-se estar imerso na área trinitária, para encontrar-se perenemente uma casa na área trinitária".[13] A oração nunca pode ser algo "moralista": a moral cristã decorre da vida divina da qual participamos, não o contrário. Quando levamos verdadeiramente uma vida cristã, na luta e na exigência que decorre do seguimento de Jesus, encontramo-nos naquela "área trinitária" de que Carlo fala e, por isso, sentimo-nos chamados a viver em conformidade com a vida de que participamos. Essa é a moral cristã. Por isso, diz Carlo: "Jesus convida-me a deixar tudo e a fazer-me seu seguidor".[14] Só assim se entende o que é a vida cristã.

Confissão

Carlo tinha uma consciência muito especial da gravidade do pecado. Dizia: "A única coisa que devemos verdadeiramente temer é o pecado".[15] Com isso, a confissão era tão importante para ele. Na confissão sentia afastar da sua alma os pecados e, por isso, tudo o que afastava de Deus. Os pecados, pequenos ou grandes, impedem sempre, mais ou menos, o progresso espiritual. Dizia:

---

[13] *Idem*, p. 77.
[14] *Idem*, 81.
[15] Gori, N. *Un genio dell'informatica in cielo. Biografia del Servo di Dio Carlo Acutis* (2016). Vaticano: Libreria Editrice Vaticana, p. 119.

O menor defeito mantém-nos ancorados à terra, do mesmo modo como acontece aos balões de ar quente que se mantêm baixos devido aos fios que seguramos com a mão.[16]

Afirma o *Catecismo da Igreja*:

> O coração do homem é pesado e endurecido. É necessário que Deus dê ao homem um coração novo. A conversão é, antes de mais, obra da graça de Deus, a qual faz com que os nossos corações se voltem para ele (n. 1432).

Podemos aqui recordar uma vez mais o que o jovem milanês dizia a respeito da conversão: é o pequeno movimento de deixar de olhar para baixo e passar a olhar para o alto. O pecado é tudo aquilo que prende o ser humano à terra e não permite olhar para o céu, para Deus, para o infinito.

A partir do momento em que uma pessoa é batizada, torna-se filha de Deus, purificada do pecado original, é absolvida de todo o pecado e é introduzida na vida divina. Só se pode compreender a grandeza da confissão se se tem em conta a grandeza da vida que é oferecida nos sacramentos da iniciação cristã. Afirma o *Catecismo da Igreja Católica*:

> Precisamos tomar consciência da grandeza do dom de Deus que nos foi concedido nos sacramentos da iniciação cristã, para nos apercebermos até que ponto o pecado é algo de inadmissível para aquele que foi revestido de Cristo (n. 1425).

---

[16] *Idem*, p. 135.

Para explicar a necessidade da confissão, a necessidade do perdão dos pecados, Carlo usa outra imagem no mesmo sentido da imagem anterior:

> O balão de ar quente, para subir, necessita de descarregar pesos, assim como a alma para se elevar ao céu tem necessidade de remover aqueles pequenos pesos que são os pecados veniais. Se por acaso tem um pecado mortal, a alma cai por terra e a confissão é como o fogo que faz regressar ao céu o balão. Deve confessar-se com frequência porque a alma é muito complexa.[17]

Noutros momentos aconselhava de forma muito concreta:

> Devem-se confessar todas as semanas, mesmo os pecados veniais.[18]

Sabemos que é preceito da Igreja a obrigatoriedade de confessar, quando há, os pecados graves. Quem tem consciência de ter pecado gravemente deve abster-se de receber a sagrada comunhão até celebrar o sacramento da reconciliação. Apesar de ser obrigatória a confissão apenas dos pecados graves, é muito recomendável a confissão dos pecados veniais, como muito bem propunha Carlo. Podemos recordar o que diz o *Catecismo*:

> Sem ser estritamente necessária, a confissão das faltas quotidianas (pecados veniais) é contudo vivamente

---

[17] Gori, N. *Un genio dell'informatica in cielo. Biografia del Servo di Dio Carlo Acutis* (2016). Vaticano: Libreria Editrice Vaticana, p. 135.

[18] Gori, N. *Carlo Acutis: Un giovane per i giovani* (2013). Milão: Edizioni San Paolo, p. 109.

recomendada pela Igreja. Com efeito, a confissão regular dos nossos pecados veniais ajuda-nos a formar a nossa consciência, a lutar contra as más inclinações, a deixarmo-nos curar por Cristo, a progredir na vida do Espírito. Recebendo com maior frequência, neste sacramento, o dom da misericórdia do Pai, somos levados a ser misericordiosos como ele (n. 1458).[19]

Finalmente, é importante recordar que muitas vezes está unida à confissão a direção espiritual ou acompanhamento espiritual. Hoje, já em alguns setores da Igreja, muitos fiéis recorrem à direção espiritual. Esta é essencial para quem quer progredir na vida cristã, porque ninguém pode ser cristão sozinho. Ter um irmão mais velho que ajuda a discernir a vontade de Deus, que ajuda a lançar novos horizontes de caminho, novos desafios para a vida espiritual.[20] Quando não se recorre à direção espiritual ou quando não é vivida com liberdade, a vida cristã tende a estagnar. É preciso viver a permanente ousadia de deixar Deus falar na vida. Carlo tinha um diretor espiritual que o

---

[19] Não se pode pensar que muitos pecados veniais equivalem a um pecado grave. Isso é falso, na medida em que os pecados veniais diferem essencialmente dos pecados graves. Em todo caso, os pecados veniais significam um peso para a alma, que a deixa atada às realidades terrenas. O purgatório será o tempo de purificação desses apegos terrenos, a purificação do desejo.

[20] Podemos recordar palavras recentes do papa Francisco sobre a necessidade de discernimento na vida, de forma particular na vida dos jovens: "Hoje em dia, tornou-se particularmente necessária a capacidade de discernimento, porque a vida atual oferece enormes possibilidades de ação e distração, sendo-nos apresentadas pelo mundo como se fossem todas válidas e boas. Todos, mas especialmente os jovens, estão sujeitos a um *zapping* constante. É possível navegar simultaneamente em duas ou três telas e interagir ao mesmo tempo em diferentes cenários virtuais. Sem a sapiência do discernimento, podemos facilmente transformar-nos em marionetes à mercê das tendências da ocasião" (*Gaudete et exsultate*, n. 167).

ajudava a discernir os caminhos de Deus. São vários os testemunhos que o seu diretor espiritual deixou a respeito da sua vida, com a devida reserva própria do segredo a que está votado tudo o que se fala naquele meio. Qualquer diretor espiritual deve recordar sempre que, como está no seu nome, a sua direção é *espiritual*: deixar o Espírito Santo falar, emergir, manifestar a vontade de Deus. Isso é essencial. Podemos mesmo dizer: o verdadeiro e único diretor espiritual é o Espírito Santo. Os diretores são instrumentos de Deus, que devem deixar transparecer a vontade divina.[21]

Nossa Senhora

No próximo capítulo iremos dar conta da realidade mais central e sagrada da vida de Carlo: a presença de Jesus Cristo real e substancial, o seu corpo e o seu sangue. Neste momento, queremos assinalar a que podemos dizer ser a segunda pessoa mais importante: Nossa Senhora. A respeito da Virgem Maria, dizia: "Nossa Senhora é a única mulher da minha vida".[22] A presença de Nossa Senhora na sua vida acontecia de forma particular através da oração do terço. Por isso também dizia: "Não falto nunca às palavras mais nobres do dia: a recitação do santo rosário".[23]

São várias as palavras fortes que Carlo usa para referir o terço como uma oração muito importante na

---

[21] Daqui decorre a grande necessidade de os diretores espirituais se aplicarem numa vida espiritual seríssima. Se o diretor espiritual é instrumento do Espírito Santo, então deve ser o que com maior empenho se aplica na santidade de vida. Só assim pode ajudar os outros a ser santos.

[22] Gori, N. (2007). *Eucaristia: La mia Autostrada per il cielo. Biografia di Carlo Acutis*. Milão: Edizioni San Paolo, p. 86.

[23] Gori, N. *Un genio dell'informatica in cielo. Biografia del Servo di Dio Carlo Acutis* (2016). Vaticano: Libreria Editrice Vaticana, p. 141.

sua vida: "O rosário é a escada mais curta para subir ao céu";[24] "Procure recitar todos os dias o santo rosário";[25] "Depois da santa Eucaristia, o santo rosário é a arma mais potente para combater o demônio".[26]

No momento em que falamos da oração, terminamos dizendo que a oração é o meio para mergulhar na vida divina. Por isso, Nossa Senhora não pretende outra coisa dos seus filhos espirituais: que eles mergulhem nesta vida divina. Dizia Carlo:

> Quem mais que a Virgem Maria pode ensinar-nos a entrar sempre mais na intimidade com as três pessoas da Santíssima Trindade, sendo a Mãe de Jesus, nosso Deus e nosso Redentor, e a esposa do Espírito Santo? Seguramente Deus não lhe recusa nada, sendo a criatura que ele ama mais que todos.[27]

"A caridade que Nossa Senhora tem por todos nós me faz esperar muito".[28] É muito bonita a forma como Carlo vê a missão de Nossa Senhora: vê-a a partir do seu amor pelos seus filhos. Nossa Senhora tem um grande amor por nós e, por isso, dizia Carlo a respeito das aparições de Nossa Senhora:

> Seguramente os milagres feitos pela Virgem Maria durante as suas aparições na terra podem ser de grande ajuda para fazer crescer a fé de tantas pessoas.[29]

---

[24] *Idem*, p. 147.
[25] *Idem*, p. 109.
[26] Gori, N. *Carlo Acutis: Un giovane per i giovani* (2013). Milão: Edizioni San Paolo, p. 255.
[27] *Idem*, p. 123-124.
[28] *Idem*, p. 125.
[29] *Idem*, p. 133-134.

Pedia aos pais para visitar os lugares das aparições de Nossa Senhora. Lourdes teve uma grande importância. Fátima tocava-o de forma muito especial. Oferecia a sua própria interpretação sobre a terceira parte do segredo de Fátima:

> A cruz sobre o monte pode representar também o sacrifício de Cristo, que se oferece pela salvação dos homens, que em cada missa é celebrado. O sangue que os anjos recolhem sob os braços da cruz cai sobre os fiéis, que com fadiga sobem o monte, é o sangue que, durante a celebração eucarística, o Senhor derrama pela humanidade, juntamente com o dos mártires, que purifica e lava os corações dos homens dos pecados cometidos. As flechas que atacam os fiéis que sobem ao cimo do monte podem ser o símbolo de todas as dificuldades que a humanidade encontra para merecer o paraíso. A figura do bispo vestido de branco, que a Igreja associou a João Paulo II, que sempre insistia na importância da Eucaristia, e que está como mártir, é agora mais clarificadora do sentido eucarístico da visão.[30]

A Virgem Maria surge na espiritualidade de Carlo, como devia aparecer na espiritualidade de qualquer católico, como quem ajuda a conduzir a Jesus. Nossa Senhora não pretende que os filhos fiquem olhando para ela. As mãos postas da imagem de Nossa Senhora de Fátima aparecem sempre como uma seta para o alto, em que a Virgem Maria nos diz: olhem para o alto, olhem para o meu filho. Rezava Carlo:

> Maria Santíssima, tu que nos deste em Jesus todas as graças, ajuda-nos a agradecer continuamente o teu filho Jesus,

---

[30] Gori, N. *Un genio dell'informatica in cielo. Biografia del Servo di Dio Carlo Acutis* (2016). Vaticano: Libreria Editrice Vaticana, p. 152.

sem o qual não poderíamos fazer nada, e a nunca mais parar de desejar alcançar esta meta de amor à qual Deus nos chama continuamente.[31]

Um resumo

Podemos resumir em oito pontos a proposta de Carlo para ser santos:

1. É necessário desejar a santidade com todo o coração. Se não desejamos ainda, temos de pedir esse desejo com insistência a Deus.

2. Tentar ir à santa missa todos os dias e receber a sagrada comunhão.

3. Lembrar de rezar o terço diariamente.

4. Ler uma passagem da Bíblia todos os dias.

5. Fazer alguns momentos de adoração diante do sacrário, onde Jesus está realmente presente. Como dizia Carlo: "Verás como aumenta prodigiosamente o teu nível de santidade".

6. Tentar confessar-se, se possível, todas as semanas, mesmo os pecados veniais.

7. Fazer propósitos frequentes e oferecer flores a Jesus e Nossa Senhora. Entre os propósitos, ter especialmente presente o de ajudar os outros.

8. Pedir continuamente ao anjo da guarda para ajudar: ele deve ser o nosso melhor amigo.

---

[31] Gori, N. *Carlo Acutis: Un giovane per i giovani* (2013). Milão: Edizioni San Paolo, p. 123.

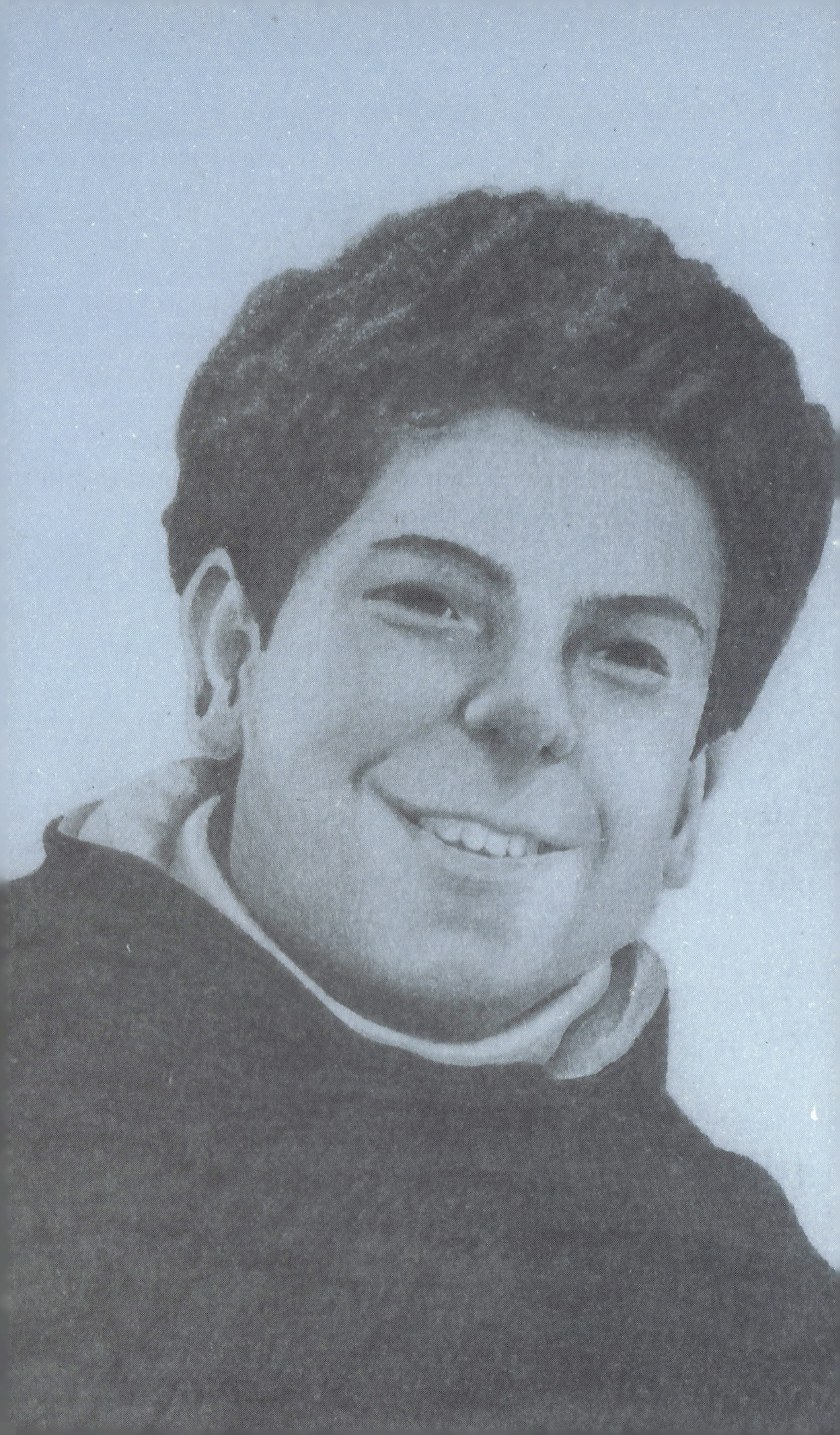

Viver a partir da Eucaristia

Dia 16 de junho de 1998. Mosteiro de Bernaga, Perego, cerca de 40 quilômetros a norte de Milão. Esse lugar de silêncio, de recolhimento e de oração encontra-se no alto do monte Santo. É o espaço privilegiado para encontrar tempo para Deus. Foi nesse mosteiro que Carlo Acutis recebeu pela primeira vez a sagrada comunhão do corpo de Cristo.

Essa experiência foi central para a vida de Carlo. Se neste livro queremos escrever a "Biografia espiritual" deste jovem, as suas palavras e a sua vivência da Eucaristia são o raio-X que nos permite ver a estrutura fundamental que sustenta toda a sua vida interior. Escrevia Carlo: "Quanto mais recebermos a Eucaristia, mais nos tornaremos parecidos com Jesus, e já nesta terra anteciparemos o gosto do paraíso". Participar da Eucaristia é estar diante de Jesus, realmente presente. Antes de tudo, Carlo teve uma consciência muito clara e profunda da presença real de Jesus Cristo na Eucaristia. Tinha uma rara percepção desse mistério, que hoje em dia tantas vezes é ignorado ou desprezado pelos católicos. Carlo sublinhava esse aspecto de uma forma muito concreta. De tal forma que construiu com a ajuda dos pais uma exposição sobre os milagres eucarísticos no mundo. Viveu verdadeiramente como apóstolo da santa missa e procurava que muitos participassem na celebração. Finalmente, podemos ver na sua vida um binômio fundamental: a comunhão e a adoração eucarísticas. Indissociáveis uma da outra, encontram em Carlo uma profundidade sem igual.

Presença real

Como já dissemos, encontramos em Carlo uma rara percepção da presença real de Jesus na hóstia consagrada. Mas a sua espiritualidade e a sua vivência não são outra que aquela da Igreja há dois mil anos. Na linguagem do *Catecismo da Igreja Católica*, condensando a tradição da fé da Igreja, diz-se que Cristo está realmente presente, o seu corpo e sangue, alma e divindade.[1] Carlo traduzia a fé da Igreja com as seguintes palavras: na Eucaristia "está Jesus realmente presente no mundo, como quando no tempo dos apóstolos os discípulos podiam vê-lo na carne andando pelos caminhos de Jerusalém".[2] Essa consciência da presença real era vivíssima em Carlo. Certa vez o seu pai perguntou se ele não quereria ir a uma viagem à Terra Santa, aos lugares de peregrinação que marcam a vida terrena de Jesus Cristo. A resposta de Carlo foi muito significativa:

> Prefiro permanecer em Milão porque aqui há os sacrários das igrejas onde posso ir encontrar Jesus a todo momento e por isso não sinto a necessidade de ir a Jerusalém. Temos Jerusalém perto de nossa casa.[3]

---

[1] Cf. *Catecismo da Igreja Católica*, n. 1374.
[2] Gori, N. *Eucaristia: La mia Autostrada per il cielo. Biografia di Carlo Acutis* (2007). Milão: Edizioni San Paolo, p. 85.
[3] Gori, N. *Un genio dell'informatica in cielo. Biografia del Servo di Dio Carlo Acutis* (2016). Vaticano: Libreria Editrice Vaticana, p. 89.

Muito cedo, depois da primeira comunhão, começou a frequentar a santa missa cada vez com mais frequência, chegando a determinada altura a ir todos os dias. A sua compreensão da missa era particularmente profunda e clara. Fazia-o sofrer a indiferença com que alguns cristãos tratam esse sacramento. Dizia:

> Parece-me que muita gente não compreende realmente até às últimas consequências o valor da santa missa porque se se desse conta da grande fortuna que o Senhor deu, doando-se como nosso alimento e bebida na hóstia santa, iria todos os dias à igreja para participar dos frutos do sacrifício celebrado, e renunciaria a tantas coisas supérfluas.[4]

São-me especialmente caras, a mim como sacerdote, as palavras do diretor espiritual de Carlo a respeito da devoção do nosso jovem à Eucaristia. Conta que ele era especialmente sensível à forma como os sacerdotes celebravam o sacramento. Ficava triste quando um padre celebrava a missa com pouca devoção. Dizia Carlo:

> Sendo os sacerdotes as mãos estendidas de Cristo, devem testemunhar o Senhor com entusiasmo, e eles próprios devem ser modelos luminosos, e não repetidores automáticos de um rito litúrgico no qual não colocam o próprio coração e no qual não transparece a própria fé em Deus.[5]

O nosso jovem tinha uma consciência muito profunda do que era a Eucaristia: não uma festa, não um passatempo, mas a celebração do sacrifício de Jesus em cujo amor se oferece como sagrado banquete. Dizia:

---

[4] Gori, N. *Eucaristia: La mia Autostrada per il cielo. Biografia di Carlo Acutis* (2007). Milão: Edizioni San Paolo, p. 86.
[5] *Idem*, p. 87.

Se refletimos bem sobre o sacrifício da cruz acontecido há dois mil anos, ele representa-se de modo incruento em todas as missas que todos os dias se celebram. Como João, também nós podemos associar-nos àquele mesmo sacrifício da cruz e demonstrar assim o nosso amor a Deus participando todos os dias da santa missa. Não podemos ignorar o convite de Jesus a unirmo-nos a ele.[6]

Na Eucaristia, Jesus está realmente presente, na sua oferta total ao Pai. Jesus tem um grande amor por nós e quis ficar conosco na simplicidade de um pedaço de pão consagrado.

Neste sentido, não deixa de ser curioso também o testemunho do padrinho de crisma de Carlo, um sacerdote doutorado em Teologia, que apresentava várias questões mais ou menos complicadas a Carlo sobre temas de fé. Uma determinada vez perguntou sobre a verdade da presença de Jesus no sacramento da Eucaristia. Perguntou-lhe: "Que te parece a hóstia, depois da consagração? É só um símbolo que permite recordar Jesus e a Última Ceia?". Carlo respondeu: "Na Eucaristia, Jesus está presente realmente com o seu corpo, o seu sangue, a sua alma e a sua divindade e não é um símbolo". A essa resposta brilhante, o padrinho replica: "Mas quando tu comes a hóstia consagrada esta tem sempre o mesmo sabor, o mesmo cheiro, a mesma cor, como pode ser o corpo, o sangue, a alma e a divindade de Jesus?". Carlo respondeu, explicando a doutrina da transubstanciação, dizendo: "A substância da hóstia antes da consagração é a substância do pão, mas depois da consagração

---

[6] Gori, N. *Un genio dell'informatica in cielo. Biografia del Servo di Dio Carlo Acutis* (2016). Vaticano: Libreria Editrice Vaticana, p. 128.

torna-se a substância do corpo, do sangue, da alma e da divindade de Jesus Cristo, e as espécies do pão permanecem as mesmas depois da consagração, pelo que o seu sabor, cheiro e cor não mudam". Terminado o debate, perguntou a Carlo sobre o que era a substância. Carlo respondeu que era "a essência mais profunda". Rematou o seu padrinho que mesmo assim, para alguns, a Eucaristia continuava a ser apenas um símbolo. Então, com muita convicção, Carlo respondeu: "Eles não raciocinam de maneira correta e estão errados".[7] A verdade de fé da presença real de Jesus na Eucaristia marcava-o profundamente e, por isso, dizia: "Jesus é muito original, porque se esconde num pedacinho de pão, e só Deus podia fazer uma coisa assim incrível".[8]

Apóstolo da santa missa

Na sua participação diária na santa missa, Carlo procurava chegar mais cedo para, durante alguns momentos, adorar Jesus. No final, permanecia também mais alguns momentos em oração de adoração. Ficava "para agradecer a Jesus o grande dom que faz aos homens ao tornar-se presente realmente no sacramento da Eucaristia".[9] Tornou-se um grande apóstolo da santa missa. Quando alguém dizia que não participava da celebração dominical, Carlo procurava expor as razões para que a pessoa não perdesse essa

---

[7] Todo o diálogo em Gori, N. *Eucaristia: La mia Autostrada per il cielo. Biografia di Carlo Acutis* (2007). Milão: Edizioni San Paolo, p. 121-122.

[8] Gori, N. *Un genio dell'informatica in cielo. Biografia del Servo di Dio Carlo Acutis* (2016). Vaticano: Libreria Editrice Vaticana, p. 86.

[9] Gori, N. *Eucaristia: La mia Autostrada per il cielo. Biografia di Carlo Acutis* (2007). Milão: Edizioni San Paolo, p. 87.

oportunidade de estar com Jesus. Usava como argumentos falar sobre o milagre eucarístico de Lanciano e as aparições do Anjo aos pastorinhos em Fátima. Conseguiu que muitas pessoas mudassem de atitude.

Os milagres eucarísticos marcaram muitíssimo Carlo. Mas também todos os relatos ao longo da história da Igreja que manifestam a verdade acreditada a respeito da presença real de Jesus na Eucaristia. Por exemplo, a história protagonizada por Santo Antônio de Lisboa. Em Rimini, um herege que não acreditava na presença real de Jesus na Eucaristia fez o seguinte acordo com frei Antônio: uma mula seria deixada alguns dias sem comer. Depois colocariam diante do animal esfomeado uma custódia com a sagrada hóstia consagrada e uma majendoura com comida, para ver que escolheria o animal. Na hora marcada, trouxeram a mula que, cheia de fome, não escolheu o alimento que a saciaria, mas se ajoelhou diante do corpo santíssimo de Jesus. O herege converteu-se e a fé na presença real saiu exaltada. Comentava Carlo a respeito dessa história:

> Certamente o animal foi inspirado diretamente pelo Senhor para confundir a incredulidade da maior parte dos homens, que seguramente haviam preferido fazer uma bela refeição em vez de adorar o Senhor.[10]

Os milagres eucarísticos marcam Carlo de forma muito particular. Foram de tal forma importantes que se decidiu a desenvolver uma exposição totalmente dedicada a apresentar a história de cada um dos milagres eucarísticos. O de Lanciano (Itália), como já referimos,

---
[10] Gori, N. *Un genio dell'informatica in cielo. Biografia del Servo di Dio Carlo Acutis* (2016). Vaticano: Libreria Editrice Vaticana, p. 162.

o de Santarém, no século XIII (Portugal), Buenos Aires (Argentina), entre muitos outros. São 136 milagres eucarísticos em 166 painéis. Essa exposição já percorreu o mundo todo e os seus materiais são facilmente acessíveis através da internet, com um *link* na página oficial da causa de beatificação de Carlo (www.carloacutis.com). Carlo terminou de montá-la pouco tempo antes da sua morte e foi inaugurada pela primeira vez em 4 de outubro de 2006. Carlo não esteve presente por já ter sido acometido pela doença e estar muito debilitado.

Ainda ligado ao apostolado em torno da santa missa, pode assinalar-se a devoção grande do nosso jovem pela oração pelas almas do purgatório. Dizia que a missa "é a oração mais importante que se pode fazer para ajudar as almas dos defuntos a sair do purgatório".[11] Alguns momentos da sua vida deram-lhe essa consciência muito particularmente, de forma especial na oração a que foi movido pelo seu avô falecido.

Comunhão e adoração

De tudo o que já dissemos a respeito da espiritualidade eucarística de Carlo, podemos sintetizar os dois aspectos em que especialmente se realiza: por um lado, a comunhão e, por outro lado, a adoração. Na comunhão, a alma torna-se como Jesus: é convidada a esvaziar-se de si para ser Jesus vivo. Na adoração, repousa-se no peito de Jesus como o discípulo predileto.

Pela comunhão participa dos frutos do amor de Deus, derramados na alma. A comunhão é o encontro com o Senhor, a sua entrada na vida e na alma de cada pessoa. Quando comungava, rezava: "Jesus,

---
[11] *Idem*, p. 79.

acomoda-te bem! Faz como se fosse a tua casa".[12] Ele tinha uma consciência muita clara dos frutos que a participação na santa missa traz para a alma. Por isso, dizia:

> Com os frutos da Eucaristia quotidiana, as almas santificam-se de modo excelso e não correm o risco de viver situações perigosas, prejudicando a sua própria salvação eterna.[13]

Por isso, Carlo dizia também: "Vai-se direto ao paraíso se se aproxima todos os dias da Eucaristia!"[14]

O *Catecismo da Igreja Católica* ensina que "receber a Eucaristia na comunhão traz consigo, como fruto principal, a união íntima com Cristo Jesus" (n. 1391). Pela comunhão eucarística, a alma assemelha-se mais a Jesus. Dizia Carlo: "Mais Eucaristias recebemos e mais nos tornamos semelhantes a Jesus, e já aqui na terra experimentamos o paraíso".[15] Ele tinha uma clara consciência do poder da Eucaristia para a vida das pessoas. A comunhão não pode ser apenas um rito externo ou um ato corriqueiro. A comunhão tem de ser recebida com reverência, com devoção, com verdadeira consciência de não se estar recebendo "um objeto", uma "coisa", mas uma pessoa viva, que quer partilhar conosco a sua própria vida. Por isso, Carlo dizia que a Eucaristia era a sua autoestrada para o céu, porque nela encontra a forma mais direta e mais

---

[12] *Idem*, p. 86.
[13] Gori, N. *Eucaristia: La mia Autostrada per il cielo. Biografia di Carlo Acutis* (2007). Milão: Edizioni San Paolo, p. 86.
[14] Gori, N. *Un genio dell'informatica in cielo. Biografia del Servo di Dio Carlo Acutis* (2016). Vaticano: Libreria Editrice Vaticana, p. 86.
[15] *Idem*, p. 37.

concreta de entrar em comunhão com Jesus, a melhor forma de se tornar santo: "A Eucaristia é a minha via espressa para o Céu!".[16] O amor a Jesus Eucaristia é também expressão da consciência de Carlo da necessidade da graça de Deus para ser cristão e para ser santo, pois "sem ele [Jesus] não posso fazer nada".[17]

A adoração é a outra dimensão muito importante. Dizia Carlo:

> A adoração diante de Jesus Eucaristia permite-me ser leve diante de tudo aquilo que a vida me pede: em casa, na minha atenção ao cuidado dos pais; na escola, por aquilo que aprendo, mas sobretudo gosto de aprender como estar com os outros.[18]

Essa intimidade com Jesus é um aprender a ser como Jesus, que por outras palavras podia ser um aprender a ser santo:

> Estando diante do sacrário em adoração silenciosa do corpo e sangue de nosso Senhor Jesus Cristo, presente realmente como o era nos tempos em que Jesus vivia na Palestina, torna-se santo.[19]

Para Carlo, a adoração é o diálogo íntimo e seguro com Jesus. Como já vimos anteriormente a respeito da oração, na adoração produz-se a sintonia coração a coração, em que repousamos no Senhor e aprendemos a ser e a oferecer a nossa vida como ele.

---

[16] *Idem*, p. 36.
[17] *Idem*, p. 37.
[18] Ruffato, L. F. *Carlo Acutis: Adolescente innamorato di Dio* (2018). Pádua: Edizioni Messaggero, p. 86.
[19] Gori, N. *Un genio dell'informatica in cielo. Biografia del Servo di Dio Carlo Acutis* (2016). Vaticano: Libreria Editrice Vaticana, p. 88.

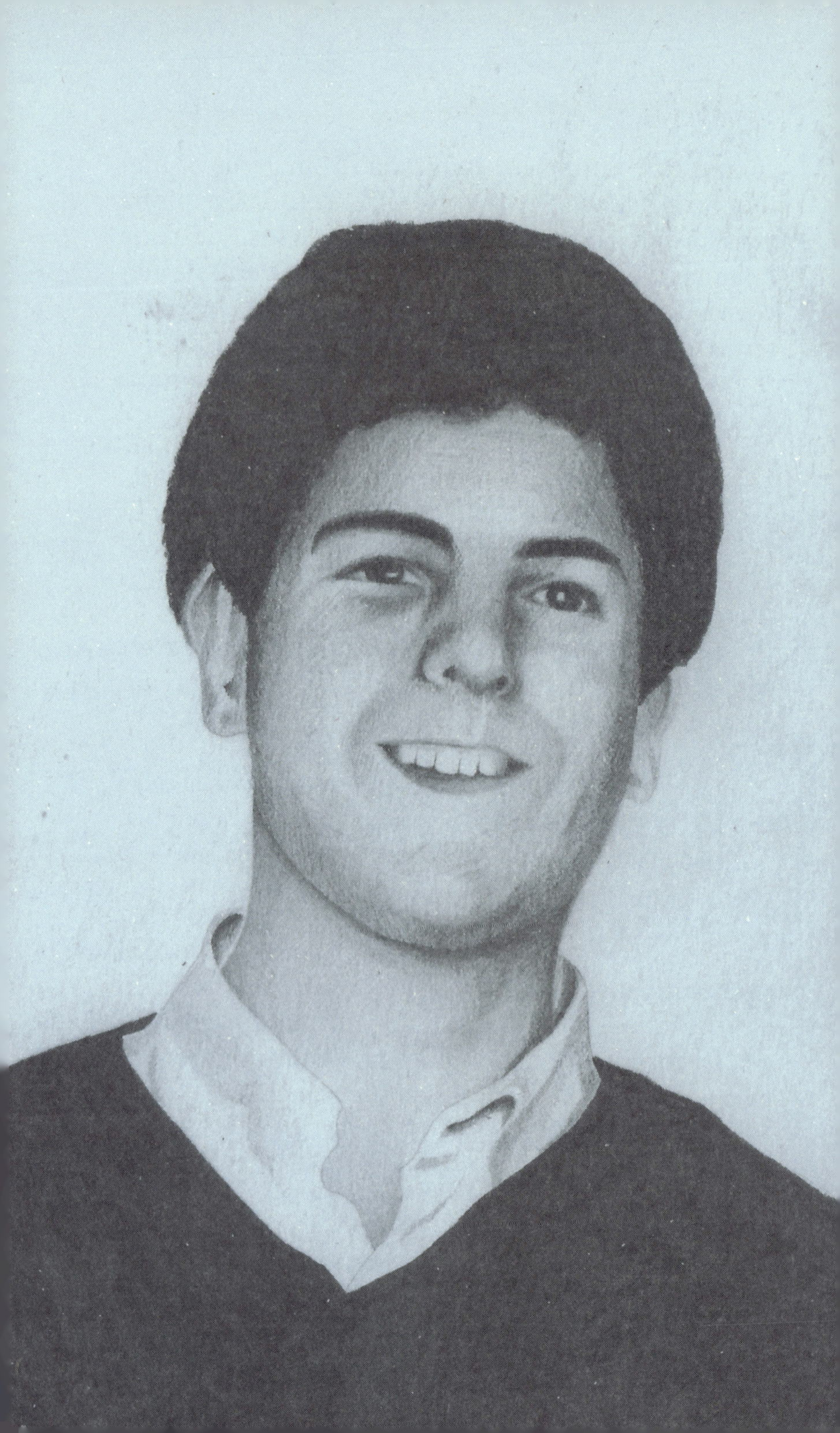

Continuar a missão

A vida de Carlo foi breve, muito breve aos nossos olhos humanos, mas grande e fecunda aos olhos de Deus. Por isso, Deus chamou esta pedra preciosa para o seu seio e dá-nos, hoje, este exemplo luminoso de vida. Este é o movimento essencial da Igreja no seu todo: pertencemos uns aos outros, a Igreja é uma realidade mais ampla, em que céu e terra se encontram. Não será de mais recordar estas palavras que Carlo atentamente ouviu quando Bento XVI viajou, em 2005, à Alemanha para a Jornada Mundial da Juventude:

> A Igreja é como uma família humana, mas é também ao mesmo tempo a grande família de Deus, mediante a qual ele forma um espaço de comunhão e de unidade através de todos os continentes, culturas e nações. Por isso, sentimo-nos felizes por pertencer a esta grande família que vemos aqui; sentimo-nos felizes por ter irmãos e amigos em todo o mundo. Experimentamos precisamente aqui, em Colônia, como é belo pertencer a uma família vasta como o mundo, que inclui o céu e a terra, o passado, o presente e o futuro e todas as partes da Terra. Nesta grande comitiva de peregrinos, caminhamos juntamente com Cristo, caminhamos com a estrela que ilumina a história.[1]

---
[1] Bento XVI, *Discurso*, 20 de agosto de 2005. Disponível em: http://w2.vatican.va/content/benedict-xvi/pt/speeches/2005/august/documents/hf_ben-xvi_spe_20050820_vigil-wyd.html.

Por tudo isto, sabemos que, mesmo depois da sua partida, Carlo continua a sua missão, agora sendo exemplo e intercedendo por nós.

Apostolado

Certa vez escrevia São Paulo VI uma evidência em relação ao anúncio da fé nos dias de hoje: "O homem contemporâneo escuta com melhor boa vontade as testemunhas do que os mestres [...], ou então, se escuta os mestres, é porque eles são testemunhas".[2] Quando conhecemos a vida do nosso jovem Carlo, damo-nos conta de como ele é um dos mestres e de que dá gosto ouvi-lo por ser também testemunha da vida nova que Jesus nos traz.

O grande apostolado de Carlo era o seu testemunho de fé e de alegria em Jesus Cristo. Sem essa alegria, o seu testemunho perdia autenticidade. Nas páginas deste livro, fomos vendo como Carlo era muito exigente na vida da fé. Não podia ser de outro modo. Muitas vezes, hoje se pensa que a falta de exigência nas três áreas fundamentais da vida cristã é o caminho para aproximar os jovens. Nada mais errado. Sem uma vida de oração forte e intensa, sem o conhecimento doutrinal profundo e seguro, sem uma caridade missionária disponível e atenta, a vida cristã acabará ou por se tornar frouxa ou por morrer. Com Carlo vemos como o grande apostolado é o da exigência.

Quando Carlo se envolvia nas ações de voluntariado e de ajuda aos mais pobres, ele tinha uma grande consciência de que esse era o caminho para a construção da nova sociedade. Os jovens cristãos são

---
[2] Paulo VI, Exortação apostólica *Evangelii nuntiandi*, n. 41.

chamados a construir esta nova civilização. Na Jornada Mundial da Juventude de 2002, no Canadá, afirmava São João Paulo II:

> A expectativa que a humanidade alimenta, no meio de tantas injustiças e sofrimentos, é a de uma *nova civilização*, caracterizada pela liberdade e pela paz. Contudo, para realizar esse empreendimento, é necessária uma *nova geração de construtores* que, animados não pelo medo ou pela violência, mas pela urgência de um amor autêntico, saibam pôr uma pedra sobre a outra, de modo a edificar, na cidade dos homens, a cidade de Deus.[3]

Neste desafio da construção de uma nova civilização, vemos que a grande aposta de Carlo foi precisamente na caridade. Esse era o grande desafio. Admirava muito a vida e o exemplo do pobre de Assis, São Francisco, e por isso sentia o grande apelo a ajudar os mais pobres. O lugar destinado à sepultura de Carlo é no Santuário da Espoliação de São Francisco: lugar que marca o ponto onde o santo abandonou todos os bens e se lançou a uma vida totalmente nova, de seguimento de Jesus Cristo, recusando todas as riquezas. Podemos mesmo dizer que Carlo foi amigo de Jesus, e do outro Jesus na terra, São Francisco. Também no cuidado com os pobres: ajudava os pobres e sem-teto que encontrava na rua, além de dar o dinheiro que recebia (mesada e presentes) a uma obra de irmãos franciscanos de Milão que se dedicava à assistência aos mais pobres.

---

[3] João Paulo II, *Discurso*, 27 de julho de 2002. Disponível em: http://w2.vatican.va/content/john-paul-ii/pt/speeches/2002/july/documents/hf_jp-ii_spe_20020727_wyd-vigil-address.html.

Carlo mostra aos jovens de hoje como é possível ser santo. A santidade não é uma utopia, mas algo muito real. Basta deixar Deus entrar na vida e fazer o esforço de, no dia a dia, ser fiel à vontade de Deus. Este é o melhor apostolado: a amizade, a firmeza nas decisões e na fidelidade à fé e à moral. Ao mesmo tempo não se pode perder nenhuma oportunidade de fazer chegar Deus a uma pessoa. Carlo estava certo de que os seus colegas e amigos, todas as pessoas com quem cruzava, eram pessoas amadas por Deus, que o deviam conhecer, servir e amar. Por isso, muito se dedicava a dar Jesus a conhecer. Também nós precisamos desta consciência: as pessoas à nossa volta, nos lugares de trabalho e nos ambientes que frequentamos, devem ser evangelizadas por nós. Não podemos pensar que virá um missionário de longe para dar Jesus a conhecer. É você que todos os dias trabalha no escritório ao lado dessa pessoa ou que pertence à sua mesma turma: é você o evangelizador, o instrumento de Deus para o dar a conhecer. Não desperdice a missão.

Viver em Igreja

Quando nos tornamos cristãos e quando crescemos na fé, sabemos que há uma vida nova que surge em nós. São Paulo traduz essa realidade dizendo que é o *homem novo* que se forma (cf. Cl 3,10). Como qualquer vida nova que surge, necessita de um útero, do cordão umbilical e do alimento. Podemos transpor essa imagem biológica para a vida cristã e pensar que o alimento são os sacramentos (por eles, crescemos na fé e na semelhança com Cristo); o cordão umbilical é o programa de vida espiritual e o diretor espiritual (pelos quais recebemos o alimento e estamos unidos ao útero); o útero é a comunidade cristã, onde a vida nova se forma. Essa comunidade é a Igreja.

Carlo tinha essa noção de ligação à Igreja de uma forma muito concreta e viva: "Criticar a Igreja significa criticar-se a si mesmo".[4] A Igreja não é apenas um espaço social ou uma realidade abstrata. A Igreja somos nós próprios, que assim formamos este útero da vida de Cristo. Jesus deseja a Igreja como esta realidade concreta, em que os cristãos se sentem em casa e na qual são a própria casa. A Igreja é uma família muito grande, como há pouco recordávamos através das palavras de Bento XVI. Nesse mesmo discurso, que sabemos que Carlo escutou com muita atenção, dizia também o papa:

> Isto significa que não construímos para nós um Deus privado, um Jesus privado, mas que cremos e nos prostramos diante daquele Jesus que nos é mostrado pelas Sagradas Escrituras e que na grande procissão dos fiéis chamada Igreja se revela vivo, sempre conosco e, ao mesmo tempo, sempre diante de nós. Podemos criticar muito a Igreja. Nós sabemo-lo, e o próprio Senhor no-lo disse: ela é uma rede com peixes bons e peixes maus, um campo com trigo e erva daninha.[5]

Em todo o caso, a crítica que se faz é sempre uma crítica que nos atinge, porque em nós próprios vemos tantas vezes a contradição entre o pecado e a graça. Em todos os momentos, mas particularmente nos momentos difíceis da Igreja, é necessário recordar que

---
[4] Gori, N. *Un genio dell'informatica in cielo. Biografia del Servo di Dio Carlo Acutis* (2016). Vaticano: Libreria Editrice Vaticana, p. 138.
[5] Bento XVI, *Discurso*, 20 de agosto de 2005, *op.cit.*

todos temos a obrigação de buscar a santidade. Em 2002, na Jornada Mundial da Juventude em Toronto, evento que Carlo também acompanhou, escutava João Paulo II dizer:

> Nos momentos difíceis da vida na Igreja, a busca da santidade torna-se ainda mais urgente. *E a santidade não é uma questão de idade; trata-se de viver no Espírito Santo.*[6]

Finalmente, a Igreja tem também a grande missão de anunciar Jesus Cristo. Dizia Carlo: "É necessário que o Evangelho seja anunciado a todos os povos, como disse Jesus Cristo".[7] Como vimos ao longo do livro, ele tinha isso muito presente, pois tinha consciência de que esta era a missão da Igreja: levar Cristo ao mundo. Quando João Paulo II, em janeiro de 2002, visitou Assis para a realização do encontro inter-religioso de oração pela paz, comentava Carlo:

> Com estes encontros inter-religiosos, o papa dá a todos a possibilidade de conhecer e amar Jesus Cristo, único salvador do mundo de quem depende a salvação de todos os homens.[8]

Podemos sempre recordar as belas palavras do papa nesse encontro:

---

[6] João Paulo II, *Homilia*, 28 de julho de 2002. Disponível em: http://w2.vatican.va/content/john-paul-ii/pt/homilies/2002/documents/hf_jp-ii_hom_20020728_xvii-wyd.html. Grifo nosso.

[7] Gori, N. *Un genio dell'informatica in cielo. Biografia del Servo di Dio Carlo Acutis* (2016). Vaticano: Libreria Editrice Vaticana, p. 170.

[8] *Idem*, p. 170.

Juntamente com Francisco, o santo que respirou o ar destas colinas e percorreu estas regiões, *fixemos o nosso olhar no mistério da Cruz*, madeiro da salvação regado com o sangue de Cristo. O mistério da Cruz assinalou a existência do pobrezinho, de Santa Clara e de inúmeros outros santos e mártires cristãos. O seu segredo era precisamente *este sinal vitorioso do amor sobre o ódio*, do perdão sobre a vingança, do bem sobre o mal. Somos convidados a seguir os seus passos e a progredir no caminho, para que a paz de Cristo se torne o anseio incessante da vida do mundo.[9]

Só em Jesus Cristo se encontra a verdadeira paz. Carlo sabia-o e por isso consegue ver no gesto do Santo Padre esse desejo de oferecer a todos o único caminho que conduz à paz verdadeira.

A intercessão

Os processos de beatificação e canonização são um caminho muito bonito que a Igreja percorre e que nos pode ajudar a compreender o que é a intercessão dos santos. Mesmo no mundo civil, há personalidades que são apresentadas como heróis nacionais, modelos de amor à pátria e exemplos dos valores. Como se lê no obelisco construído próximo ao Parque do Ibirapuera, em São Paulo: "Viveram pouco para morrer bem; morreram jovens para viver sempre". Pode acontecer que nós reduzamos os nossos santos apenas a um exemplo de vida, o que eles também são. Muitas pessoas olham para os santos como personalidades especiais, que tiveram grandes qualidades e que foram

---

[9] João Paulo II, *Discurso*, 24 de janeiro de 2002. Disponível em: http://w2.vatican.va/content/john-paul-ii/pt/speeches/2002/january/documents/hf_jp-ii_spe_20020124_discorso-assisi.html. Grifo nosso.

grandes modelos de vida cristã. Por isso, grande parte da hagiografia[10] tendeu a escrever a vida dos santos apenas no sentido de louvar as suas qualidades extraordinárias. Eles surgem muitas vezes como se não tivessem qualquer defeito, quase como se não pecassem. Isso faz que surjam como figuras distantes. Histórias que se louvam na madeira ou na pedra, mas que não têm a capacidade de se tornar vida para nós.

Dissemos que os processos de beatificação e canonização são realidades bonitas. Por quê? Mostram-nos que os santos não são essas figuras especiais acima de nós. Antes foram pessoas que viveram e lutaram como nós e que, agora, do céu, intercedem por nós. Essas duas dimensões são fundamentais. Por um lado, examinam-se as chamadas virtudes heroicas, ou seja, analisa-se se a pessoa em questão viveu em nível alto as exigências da vida cristã. Quando isso se comprova, publica-se o decreto das virtudes heroicas (como aconteceu recentemente com Carlo). Mas falta ainda a aprovação do milagre. Ou seja: os santos não são somente exemplos, ainda que também o sejam. São ao mesmo tempo intercessores, ou seja, pessoas que acreditamos estarem no céu, que passaram pelas mesmas lutas e dificuldades que nós, e por isso podem interceder por nós junto de Deus, até o ponto de poder acontecer um milagre por sua intercessão,[11] condição que é necessária para a beatificação de um não mártir ou para a canonização de qualquer beato.

---

[10] Hagiografia é o processo de passagem à escrita da vida dos santos (*hagio* quer dizer "santo"; *grafia* quer dizer "escrever").

[11] Convém sublinhar: não são os santos diretamente que fazem os milagres. A ação no mundo só Deus pode realizar. Os milagres acontecem por intercessão dos santos.

Algumas pessoas veem isso quase como colocar Deus à prova. No entanto, esse processo tem em vista outra coisa: deixar que Deus livremente faça resplandecer no mundo a sua ação, de forma a mostrar que aquela personalidade pode ser um exemplo para toda a Igreja e que aquela mesma pessoa, neste momento, está junto de Deus, intercedendo por nós.

Assim, não podemos olhar para Carlo apenas como um exemplo, ainda que o seja também. Na introdução deste livro, coloquei também a oração pedindo a sua beatificação exatamente para não nos esquecermos de que temos de pedir esse sinal de Deus, para mostrar que Carlo é um modelo a seguir e que esse modelo conduz para o céu. Se os santos fossem apenas heróis, poderíamos louvar os seus feitos, mas estaria dependente da nossa capacidade o seguimento. Quando sabemos que eles intercedem por nós, temos diante de nós alguém que pode pedir a Deus que sejamos ajudados a superar as nossas fraquezas e fragilidades. Os santos nos dizem que não estamos sozinhos e que podemos contar com eles.

Conclusão

A Igreja inteira vive um momento particular de atenção aos jovens, neste período de recepção da Assembleia do Sínodo dos Bispos dedicado à pastoral da juventude. Escreviam os padres sinodais aos jovens de todo o mundo:

> Sabemos das vossas buscas interiores, das alegrias e das esperanças, das dores e angústias que fazem parte da vossa inquietude. Agora, queremos que vocês escutem uma palavra nossa: desejamos ser colaboradores da vossa alegria para que as vossas expectativas se transformem em ideais. Temos certeza de que, com a vossa vontade de viver, vocês estão prontos a empenhar-se para que os vossos sonhos tomem forma na vossa existência e na história humana.[1]

Ao mesmo tempo, vivemos também um momento muito especial visando à preparação da Jornada Mundial da Juventude em Lisboa no ano de 2022. Todas estas oportunidades não podem ficar nem só em teorias nem apenas num grande evento de uma semana sem continuidade. Acredito que a vida de Carlo Acutis pode ser um farol para os jovens que querem viver a fé cristã com seriedade. O cristianismo não é

---

[1] Padres Sinodais, *Carta aos jovens* (2018). Disponível em: http://press.vatican.va/content/salastampa/it/bollettino/pubblico/2018/10/28/0790/01710.html#letterapo.

uma utopia, nem um projeto que vai além das forças que temos à disposição. O cristianismo é a pessoa de Jesus Cristo, nosso amigo, que luta conosco quando estamos em batalha; nos eleva quando fazemos propósitos sérios de santificação; nos cura quando caímos e nos ferimos; nos dá a sua misericórdia para prosseguir no caminho da vida divina. Como se escreveu no Documento final do Sínodo dos Bispos:

> Através da santidade dos jovens, a Igreja pode renovar o seu ardor espiritual e o seu vigor apostólico. O bálsamo da santidade gerada pela vida boa de muitos jovens pode curar as feridas da Igreja e do mundo, levando-nos àquela plenitude do amor para a qual, desde sempre, estamos chamados: os jovens santos impelem-nos a voltar ao nosso primeiro amor (cf. Ap 2,4).[2]

A santidade dos jovens e, neste caso particular, a santidade de Carlo Acutis, deve ter essa capacidade de regenerar a Igreja e o mundo inteiro. Deixemos que comece pelo coração e pela vida de cada um de nós.

Este é o segundo livro que publico sobre um jovem, exemplo de santidade. Pela mesma razão que escrevi o livro sobre a vida espiritual de Guido Schäffer, também hoje continuo convicto de que os jovens católicos necessitam de exemplos concretos de santidade. A santidade não pode ser uma abstração ou uma teoria. A santidade é algo muito real e concreto no

---

[2] Sínodo dos bispos sobre "os jovens, a fé e o discernimento vocacional", Documento final (2018). Disponível em: http://www.vatican.va/roman_curia/synod/documents/rc_synod_doc_20181027_doc-final-instrumentum-xvassemblea--giovani_po.html#_Toc528354072.

caminho de cada um. A santidade realiza-se sempre no hoje da nossa vida. Aceitar, abraçar, viver e caminhar o projeto de Deus para nós é já santidade. Assim, faço votos para que a leitura deste breve livro sirva de guia para quem quer ser santo. Muitos dos autores que refletem sobre a vida de Carlo notam que ele consegue fazer uma síntese admirável entre a tradição e a modernidade. É um jovem do seu tempo, que sabe de computadores, joga *PlayStation* e brinca com os amigos e colegas de escola, mas, ao mesmo tempo, e sem estar dissociado disso, passa longos tempos diante do santíssimo sacramento, vai à missa todos os dias e reza diariamente o terço. A espiritualidade mais tradicional continua encontrando lugar nas ruas das nossas cidades, como em Carlo encontrou espaço nas ruas de Milão.

Todos devemos fazer o propósito de seguir este caminho. Jovens e menos jovens, com a consciência de que na vida cristã o destino deve ser o céu. A meta da nossa vida tem de ser a santidade. Temos hoje de voltar a fazer o propósito de não pedir outra coisa que não seja a vontade de ser santos. Que Carlo Acutis nos ajude!

Sumário

PREFÁCIO 7

INTRODUÇÃO 11
Origem das citações e de todas as referências 19
Agradecimentos 20
Nota do autor 21

VIVER A PARTIR DO FIM 23

FAMÍLIA, FORMAÇÃO
E UM TALENTO INCRÍVEL 33
Família 33
Formação 37
Talento para a informática 39

PROGRAMA DE VIDA ESPIRITUAL.................... 47
Oração 48
Confissão 52
Nossa Senhora 56
Um resumo 59

VIVER A PARTIR DA EUCARISTIA 61
Presença real 62
Apóstolo da santa missa 65
Comunhão e adoração 67

CONTINUAR A MISSÃO 71
Apostolado 72
Viver em Igreja 74
A intercessão 77

CONCLUSÃO 81

MEMÓRIA FOTOGRÁFICA

Memória fotográfica

Carlo em Fátima.

Carlo bebê.

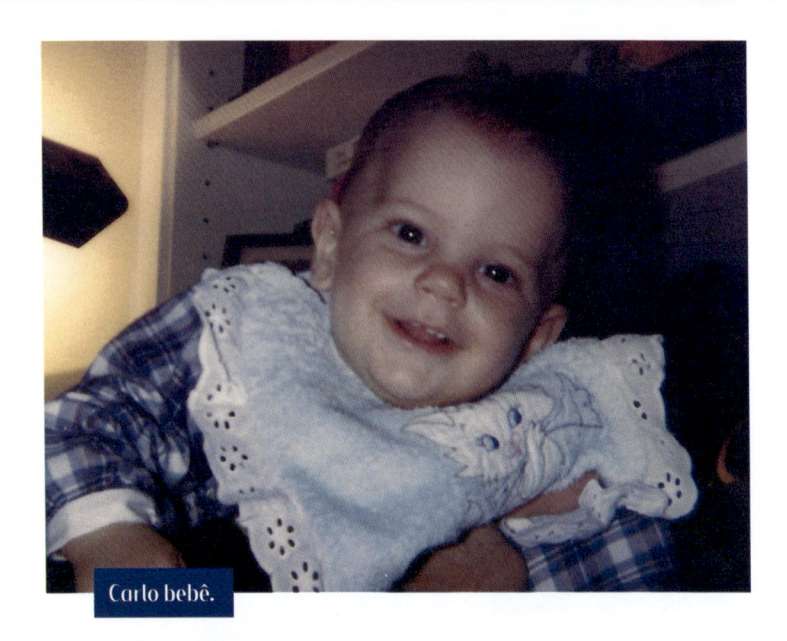

Enquanto menino, brinca com outras crianças.

Memória fotográfica

Em casa dos pais.

Brincando na neve.

Carlo no dia da primeira comunhão.

Memória fotográfica

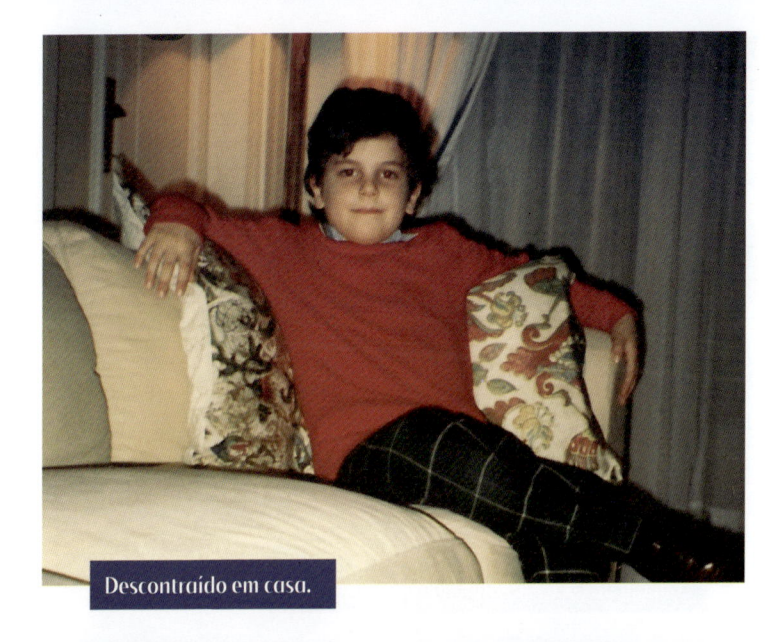

Descontraído em casa.

Menino sempre feliz.

Com um dos seus "amigos" de estimação.

Em férias, na neve.

Memória fotográfica

Com a "amiga" *Chiara*.

Carlo com Rajesh.

Com a equipe de futebol na escola.

Durante as férias.

Memória fotográfica

Praticando esqui.

Novamente com o amigo Rajesh.

Em viagem familiar.

Em Toledo, Espanha.

Memória fotográfica

Em Lisboa, junto do Mosteiro dos Jerônimos.

Em Fátima, junto do Poço do Arneiro.

No santuário de Fátima.

Memória fotográfica

No monte Subásio, em Assis (Itália).

Festa de aniversário.

Em Toledo, Espanha.

No terraço da casa dos avós paternos em Santa Margherita Ligure (Itália).

Memória fotográfica

Nos bosques do santuário de Monte Alverne (Itália).